BC級戦犯の愛と死

この人を見よ

朝野富三

展転社

するとピラトは、また出て行ってユダヤ人たちに言った、「見よ、わたしはこの人をあなたがたの前に引き出すが、それはこの人になんの罪も見いだせないことを、あなたがたに知ってもらうためである」。イエスはいばらの冠をかぶり、紫の上着を着たままで外へ出られると、ピラトは彼らに言った、「見よ、この人だ」。

新約聖書「ヨハネによる福音書第十九章」

ＢＣ級戦犯の愛と死――この人を見よ◎目次

第一部　ラバウルの銃声

第二部　ある戦犯家族の肖像

装幀　古村奈々＋Zapping Studio

第一部　ラバウルの銃声

一　苦悩の出発

八発の銃声

ダダーンと耳をつんざく八発の銃声が空高く響くと、鋭いひとつのこだまとなってジャングルの山々に跳ね返っていった。鬱蒼と生い茂った高い木々の間から鳥たちがバタバタと飛び立っていったが、それも一瞬のことで、深い森はすぐに元の静寂に戻り、鳥たちは何ごともなかったように再び楽しそうに鳴きはじめた。

一九四七（昭和二十二）年十月二十三日、木曜日のこの朝、ラバウルは普段と変わらなく明けた。日本なら秋真っ盛りで紅葉の美しい季節だろうが、ここでは早朝から南洋特有の肌を刺す熱い日射しが照りつけていた。いつもと少し違うとすれば、珍しくわずかに朝靄がかかっていたことぐらいだろうか。

暑さを別にすればそうやって穏やかに迎えた朝だったが、陸軍大将今村均は戦犯収容所の宿舎で起きると、すぐに服装をあわただしく整え、英語のできる軍医中尉ひとりを連れて飛び出し、走るようにオーストラリア軍の収容所長官舎に向かった。

白く塗られた木造の官舎のドアをたたくと、所長のアプソン少佐が眠たそうな顔で出てきた。その顔は、用件は聞かなくてもわかってると言いたげで、少し迷惑そうでもあった。本日朝執行する予定の海軍大尉片山日出雄の処刑は昨日自分が告げていたからである。

アプソンはもともとラバウルで警察署長をしていた男だった。戦争が始まって自分から志願したらしく、少佐になると収容所の管理をすべて任されていた。

今村が通訳を介して死刑執行を延期して欲しいと頼むとアプソンは返事もせずに黙って机上の電話をとった。いつもは赤ら顔をニコニコさせている気のいい男だが、見たことのない険しい顔つきで、用件を告げていた。相手は軍管区副官のデュバル少佐らしく、二言三言話しただけで電話機を置くと、これからネイラン准将が来るとだけ伝えた。

片山日出雄大尉
(聖文舎刊『アンボンで何が裁かれたか』より)

ラバウルは日本から五千キロ離れた南太平洋に横たわる巨大なニューギニア本島の北東に浮

かぶニューブリテン島の都市である。産業といってもコプラやコーヒー、ココナッツを産出するぐらいしかない無名の港町にすぎなかったが、戦争が始まって日本軍の前線基地が置かれ、激戦の舞台になったことで一躍世界にその名が知られるようになった。それが日本軍の敗れた後は、オーストラリア軍最大の収容所として数多くの戦犯を抱えていた。

午前七時半、ネイラン准将がデュバル少佐を伴ってジープでやって来た。彼が所長室に入ってくるなり、今村は片山の執行を待ってほしいと訴えた。

ネイランはいかにも困ったといった表情を浮かべ、「それが、メルボルンから執行するように命じられたのは一週間前だったんだ。自分としてはぎりぎりまで待ってみたが、もうこれ以上は無理だ」と慎重に言葉を選びながら答え、だからわかってくれという顔を向けた。

今村はこれまでにも何度もネイランに片山の死刑執行の停止と裁判のやり直しを頼んでいた。そのたびに「その旨、本国に伝える」と答えてきたが、ついに執行の日がやって来てしまったのである。

今村は引き下がらなかった。「だったら、貴官の裁量で、執行したことにしておいてもらえないか。いずれ日豪で平和条約が成立する日が来るだろう。その日まで待ってほしい」と食い下がった。

オーストラリア軍の現地指揮官であるネイランは、敗戦後もここラバウル方面で十万を超えて残っていた日本軍将兵を率いてきた今村の力量と部下への思いはわかっているつもりだった。だから応えられるものなら応えてやりたい。「でもそんな権限は本官にはない。わかってほしい」としか言えなかった。ネイランは腕を組むと下を向き黙ってしまった。

午前八時半、収容所前にジープが到着した。すでに海軍将校の純白の夏服に着替えていた片山がMP（憲兵）に促されるようにして乗り込むと、ジープはすぐに発車した。

向かった先はラバウルの中心部から少し離れた小高い丘の雑木林の中だった。ジープから降ろされた片山は後ろ手に縛られたまま椅子に座わらされると、半袖上衣の左胸に直径十センチほどの丸い紙の標的を付けられた。撃ち損じないための目印である。

周囲の緊張ぶりとは裏腹に、片山は清々しいまでの穏やかな顔をしていた。傍らのMPに笑いながら英語で何かを語りかけ、MPが目隠しの黒い頭巾を被せようとすると黙って首を左右に振った。椅子に座ったまま首《こうべ》を垂れて目をつぶり、英語で静かに「主の祈り」を始めた。

向いの十五メートル先にはすでに八名の射撃兵が二列で並んでいた。合図で一斉に銃を構え、指揮官が手を振り下ろすと同時に引き金が引かれた。八発の銃声は一つの大きなかたまりとなって高い山々にこだましていった。収容所を出てわずか十五分後のことだった。

同じ事件で死刑判決を受けた海軍中尉高橋豊治の処刑は、片山より十五分前に執行されていた。毛布に包まれた血塗られたふたりの遺体は担架に乗せられ、地面に並べられた。日本人でただひとり刑場での立ち会いが許された日本軍将校が、遺体の前に跪き、片山から頼まれていた通り、英語で祈祷文を読んで祈りを捧げた。ネイラン、デュバル、アプソンらオーストラリア軍の将校たちが姿勢を正してそれを見下ろしていた。

二十九歳の片山日出雄と、二十五歳の高橋豊治。ふたりの若き海軍将校はこうしてラバウルで散った。敗戦から二年二カ月。最終的に九百余名にのぼることとなる戦犯処刑はまだ半ばにさしかかったにすぎなかった。

サンシャインシティ「奇説」

東京のＪＲ池袋駅東口にあるサンシャインシティ。超高層ビル「サンシャイン60」は高さ二百四十メートルとかつてはアジアで最も高いビルと呼ばれ、今も池袋周辺のランドマークになっている。「なんか面白いこと、ある。」をキャッチコピーにしたビル群には、ショッピングセンター、水族館、博物館などもあり、日曜祝日ともなれば若いカップルや家族連れでにぎわう。

そこから十分ほど歩くと、東池袋中央公園に出る。公園の一角に周囲の風景とは不釣り合いな黒い御影石の石碑が見える。どっしりとした三角形のおむすび型の高さ一・六メートル、幅二・五メートル、厚さ六十センチの重厚な碑は『平和祈念慰霊碑』とあり、表面に「永久平和を願って」の文字が刻まれている。

「第二次世界大戦後、東京市谷において極東国際軍事裁判が課した刑及び他の連合国戦争犯罪法廷が課した一部の刑が、この地で執行された。戦争による悲劇を再びくりかえさないため、この地を前述の遺跡とし、この碑を建立する。

昭和五十五年六月」

「サンシャイン60」は、戦前は「東京拘置所」、敗戦後は戦犯を収容する「巣鴨プリズン」となった施設の跡地に建っている。戦前、最大のスパイ事件といわれたゾルゲ事件のドイツ人ゾルゲと尾崎秀実が処刑されたのもここであり、治安維持法違反容疑で検挙された思想犯の多くがここに拘置されていた。

ＧＨＱ（連合国軍総司令部）の「巣鴨プリズン」時代には、最多時の五〇（昭和二十五）年には千九百六十二名もの戦犯が収容されていた。

五八（昭和三十三）年五月三十日、最後まで残っていた戦犯十八名が仮釈放されて役割を終えると、日本政府に返還されて法務省の「巣鴨拘置所」に変わった。それも七一（同四十六）

年三月に閉鎖され、以後はトタン塀で囲われた。

やがて再開発の構想が持ち上がったが、そのころから妙な噂がささやかれるようになった。夜になると、辺りからうめき声や泣き声が聞こえてくるというのである。火の玉が三個浮いていたという目撃談まで出てきて面白おかしく新聞記事になったこともあり、次第に誰も近づかなくなった。

奇怪な話を信じたわけではないだろうが、解体工事を引き受けてくれる業者が見つからず、長く手が付けられないままだった。ようやく大阪の造園業者が名乗り出てくれたものの、今度は、工事中に機械でも掘れない地層にぶつかったとか、地下からボロきれのようなものが大量に出てきたとか、「不思議なことがいくつもあった」と業者が証言したように、気味悪がって辞めてしまう作業員が続出し、解体は難航したという。

「サンシャイン60」がようやくグランドオープンできたのは、七八（同五十三）年だった。地上部が六十階だから「サンシャイン60」の「60」の由来をめぐって奇説が飛び出してきた。地上部が六十階だから「60」と名付けたのだが、巣鴨プリズンで処刑された戦犯はA級七名とBC級五十三名の合計六十名だったからその「60」だとか、まことしやかに言う者さえ出てきた。

もちろん偶然の一致に過ぎないのだが、「呪いのビル」という陰でのささやきに、関係者は頭を抱えた。

逃亡か出頭か

海軍大尉片山日出雄が「SUGAMO　PRISON」の看板が掲げられた正面ゲートをくぐったのは、一九四六（昭和二十一）年二月九日だった。

土曜日のこの日、朝早くから親しい六名が片山の家にやって来た。これから巣鴨に出頭していかなければならない片山との別れに、東京の目黒区緑ガ丘にある家にまで来てくれたのである。

片山は普段と変わらない態度で接し、不安そうな素振りはいっさい見せなかった。ひとしきり歓談して彼らが帰っていくと、妻のあき（仮名）と弟、残った親友との四名で昼食をとった。あれこれ話しているうちにあっという間に午後三時になり、片山はあきが用意してくれた着替えの入ったカバンを持つと家の前でみんなに見送られてひとりで出かけて行った。電車を乗り継いで巣鴨プリズンに着いたのは午後五時半だった。

アメリカ軍のMPに着ている服をすべて脱ぐように命令され、素っ裸の体を隅々まで検査された。出頭してきた戦犯容疑者の自殺が相次ぎ、刃物や毒薬など自殺につながるものを持ち込んでいないかを調べたのである。いやしくもつい半年前まで大日本帝国海軍の将校だった人間である。また生涯を神に捧げることを誓った敬虔なクリスチャンでもある。恥じることのない生き方をしてきたと自負する片山にとって耐えがたい屈辱だった。自分が敗戦国の一国民に過ぎないのだと改めて思い知らされた。
独房に入れられ、やることもなく寝転んで天井を見ているうちに、この二十日間ほどのあわただしい日々が思い返されてきた。

家の新聞を読んでいて、掲載されていた戦犯容疑者一覧の中に自分の名前があるのを見つけたのは一月二十一日だった。まさに晴天の霹靂で、何かの間違いではないかと思った。大本営海軍部所属の暗号長として敗戦を東京で迎え、しばらくは広島県呉市の海軍呉鎮守府で終戦事務にあたらされ、東京に戻ってきたばかりだった。これから先の暮らしをどうするかとあきと話し合っていた矢先である。彼女から何度聞かれても、片山には自分が戦犯容疑者になる理由が思い当たらず、あきにはそう話した。

ＧＨＱが戦争犯罪の摘発に乗り出していることは当然知っていた。戦艦ミズーリ号の艦上で降伏文書の調印が終わって九日後の昨年九月十一日には早くも第一次の戦犯容疑者への逮捕命令が出され、以来、新聞に戦犯容疑者の名前が載らない日はなかった。片山が海軍将校として勤務したことのあるインドネシアのアンボン島でもオーストラリア軍の軍事法廷が開廷されたことを新聞で読んでいた。
世界の目は、連合国軍最高司令官マッカーサー元帥が「極東国際軍事裁判所条例」を承認したことで始まる東京裁判に集中し、アメリカ、イギリス、オーストラリア、ニュージーランド、カナダ、中国、オランダ、フランス、ソ連、インド、フィリピンの各国の検察団が続々と日本に乗り込んできた。特にソ連の検察陣は総勢四十七名にのぼる大陣容で、それは裁判に臨む意気込みの大きさというより、米国との主導権争いが早くも始まったことを物語っていた。

新聞各紙はこうした動きを競って逐一伝えたが、最大の関心事は、果たして天皇陛下が法廷に立たされるか否かであり、日本という国家がこれからどう裁かれるのか、国民の誰もが固唾を飲んで見守っていた。

しかしそれにしても、どうしてそんな戦犯事件に自分の名前が出てくるのか。あきにしつこく聞かれているうちに一つだけ思い出したことがあった。だいぶ前だがＧＨＱから呼び出されたことが一度あり、それは戦時中にラバウル方面で行方不明になった米軍のパイロットについて何か知らないかと尋ねられたのである。聞いたことのない話だったのでその通りに答えると、それで終わり、以後は何も連絡がなかった。

だから出頭命令は理解できなかった。とはいえ今至急考えるべきことは、ではどうしたらいいのかである。素直に出頭した方がいいのか、何かほかに方法があるのかだが、片山には見当がつかなかった。親しい友人の何人かに相談すると、全員が口をそろえて出頭はやめとけと言った。「ＧＨＱがどう動くか、見きわめがつくまで、身を隠しておいた方がいい」というのだ。出頭命令を受けながら遁走する者が後を絶たないことは、片山も聞いて知っていた。

ある友人は「いずれ連合国との講和が成り立つ。そうすれば戦犯問題は終わるからそれまで待った方がいい」と話してくれた。その男はこうも言った。「戦争は国家の主権行為として行われたものであり、たとえそこに犯罪行為があったとしても、それは個人の責任ではない。講和ができれば戦争状態が解消されるのだから戦犯を訴追する理由はなくなる」。片山には十分に説得力のある意見に聞こえた。

東京にはイギリス人の叔母が暮らしていた。戦時中は随分、日本人から迫害を受けて苦労したらしいが、片山はその叔母にも聞いてみると、即座に「連合国の正義と神の導きに任せなさい」と西欧人らしい意見が返ってきた。出頭を勧めた唯一のひとだった。

身を隠した方がいいのか、連合国を信じて正々堂々と出て行って釈明すべきなのか――片山はひとり悩み、迷いに迷い、苦悶の末に出した結論は、自分はクリスチャンであり、同じキリスト教を信じる国の人たちの正義を信じたい、ということだった。あきも同じクリスチャンだから賛成してくれると思って打ち明けると、意外にも強硬に反対された。だが片山はそれを押し切り、出頭を決めたのである。

そして今、こうして巣鴨プリズンの独房の中で横になって天井を眺めている。

午後七時に消灯になり、フロアの灯りがすべて消された。これが戦犯容疑者としての第一日目であり、それから六百二十一日後に処刑されることになるのだが、まさかそんな結末が待っているとは想像すらできない片山は、毛布をかぶるとすぐに深い眠りに入った。

二　モロタイ軍事法廷

南海の孤島

海軍大尉片山日出雄が連行された先はモロタイ島だった。インドネシアの最も北寄りにある島である。一九四六（昭和二十一）年二月二十三日、巣鴨プリズンに入った日からちょうど二週間たった同じ土曜日だった。

片山が乗せられてきた米軍輸送機は、その前日にエンジン不調を起こし、いったんフィリピン・レイテ飛行場に緊急着陸して米軍搭乗員たちとカマボコ式のキャンプで一泊した。食事は非常食用のコンビーフの缶詰が与えられた。

飛行場内では自由に動くことが許されたので、ひとりでブラブラしていると、浅黒い肌のフィリピン人の青年が近づいてきた。日本人と見て声をかけてきたらしいが、いきなり戦時中に日本兵にさんざん殴られたのだと英語でわめきだし、激しく罵った。

翌朝は午前六時半に起床し、キャンプの食堂でホットケーキと卵焼きを食べ終わると、すぐに輸送機は飛び立った。眼下には明るく輝く大海原が広がっていた。半年前までここが戦場だったとは思えない穏やかで美しい海だった。

着いたモロタイは初めて来た島だった。ここも日米の戦場となった南太平洋の島の一つである。島には収容所があり、敗戦で投降した六百六十名の日本兵たちが詰め込まれて生活していた。片山は別棟の戦犯容疑者用の建物に入れられた。そしてすぐに希望と絶望の交錯する光景を目にすることになった。


モロタイからの復員はすでに始まっていて、港に復員船が入って来ると、大きな荷物を背負った兵隊たちが満面の笑みを浮かべて手を大きく振りながら一列になってタラップを昇っていった。岸壁ではそれを戦犯容疑者の兵隊たちが黙って見送っていた。同じように軍人の務めを果たし、そして戦いは終わったのに、家族の元に帰って行く者と、これから始まる戦犯裁判に怯える者という明暗に分断された残酷さがそこにはあった。

さらに戦犯容疑者にはもう一つ、残酷な光景が加わった。オーストラリア兵たちによる激しい虐待である。戦犯への殴る蹴るは彼らの気分に任され、止める者は誰もいない。虐待は新たな虐待を呼んでエスカレートしていく。それがこの島では日常風景だったのである。

片山は巣鴨に入る時にノート半分程の大きさの手帳をこっそり持ってきた。見つかれば没収される怖れがあるので隠し持ち、毎日欠かさずに小さな字で日記を書いていた。
モロタイ到着の翌日、片山はこう書かざるを得なかった。
「モロタイに到着せしことを後悔す。これなら内地に潜伏すべきだったと考へられる」(二月二十四日)

モロタイは、面積約二千五百平方キロメートルと佐賀県より少し広いぐらいの島である。周辺の島々と同様、これといった産業はなく、熱帯雨林におおわれ、白い砂浜の海岸線がどこまでも続いていた。

そんな自然豊かな楽園のような島にも、血なまぐさい歴史があった。十五世紀にイスラム教が布教されて「テルナテ」という王国の支配下に置かれたが、十六世紀にポルトガルのイエズス会が進出し、さらにスペインやオランダも食指を伸ばしてきたことから西欧列強の権益争奪の場と化したのである。

日本軍がそんな島に目をつけたのは、南太平洋方面の要とする飛行場をつくるためだった。オランダ領東インドの一部だった島は、抵抗らしい抵抗もなく簡単に占領できたものの土地は水はけが悪く、飛行場には向かないとわかって断念した。使い道のなくなった島は、台湾兵を主力とする二個中隊の守備隊が守っていた。

他海域では日米の激戦が繰り広げられる中、モロタイは無風だった。それが一転したの

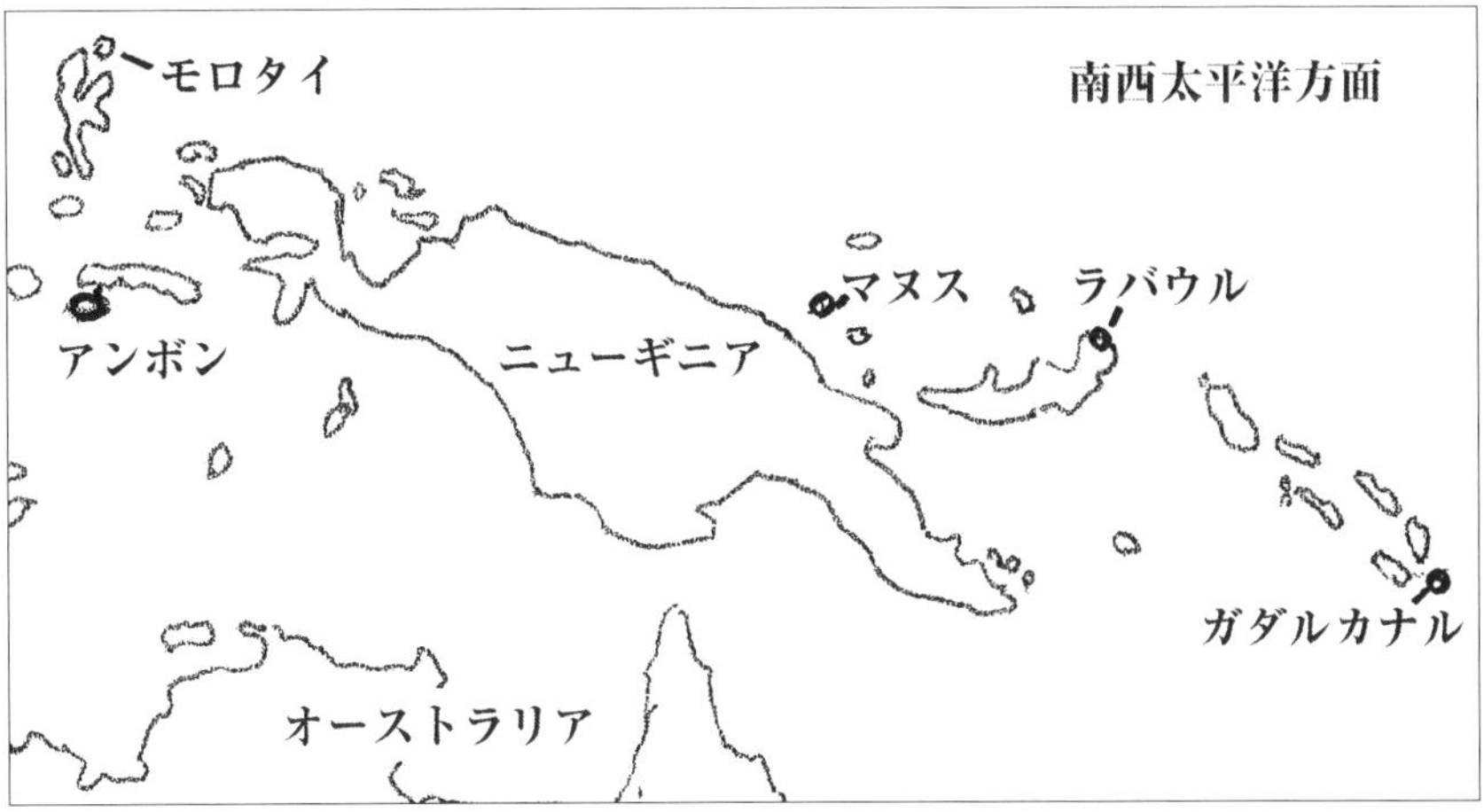

南太平洋方面地図

は、四四（同十九）年九月十五日、米豪の連合軍が突然上陸作戦を開始したからである。マッカーサーが反攻作戦の拠点にしようと飛行場建設を計画し、地上軍四万人、航空軍一万七千人の合計五万七千人もの大兵力を投入した攻撃が始まると、日本軍はなす術もなく約三週間で制圧された。これが戦史に残る「モロタイ島の戦い」である。

日本ではモロタイの名前はもう忘れられているが、それでももしその名前に聞き覚えがあるとすれば、残留日本兵中村輝夫一等兵が発見されたというニュースを記憶しているひとであろう。モロタイ島の奥地で潜伏していた中村一等兵が救出されたのは七四（同四十九）年十二月で、二十九年もの間、密林に潜伏していたニュースは世界を驚ろかせた。中村は台湾出身の兵隊で、主流部隊からはぐれ敗戦を知らないままジャングルに潜んでいたのである。モロタイ島には中村の記念像が立っていて、今も観光資源の一つになっている。

遠き旅路

片山がモロタイに着いた翌日の日曜日、特段の指示がなく、のんびり過ごしていたが、そこに豪軍の係官がやって来て、これがお前の告訴状だと目の前に突き付けた。しかも公判は明日始まるのだという。何の心の準備も出来ていなかった片山は、まさに頭から冷水を浴びせられた思いだった。

英文の告訴状を読んで自分がなぜモロタイに連れて来られたのかがやっとわかった。あきには話していなかったが、アンボン島から大本営に異動になる直前、オーストラリア軍のパイロットら捕虜四名を自分たち四名が軍刀で処刑したことがあったのである。ただそれは、手続きを踏んだ正当な措置だと聞かされていたし、そもそも司令部の命令に従って行ったことなので、法的には何の問題もないと考えていた。実際にそうした処刑はよくあったからである。だが告訴状は、自分たちが処刑した「スコット少佐事件」となっていた。

片山はベッドに横になり毛布を頭からかぶって寝てみたが、悪い想像が次から次に浮かんでできては、いい知れない不安が胸の底から湧きあがってきた。巣鴨に入る前日、「あなたはお人好し過ぎる」とあきに言われた言葉が思い出され、本当にその通りだったのかもしれないと、つくづく自分の甘さが悔やまれた。目をつむって寝ていると、巣鴨に入ってからこの二週間のことが映像フィルムを早送りするように思い返された。

巣鴨プリズンでの最初の夜が明けた二月十日は、朝七時に起こされた。出された簡単な朝食をすませ、自宅から持ってきた聖書を少し読むと、あきと親類の何人かに手紙を書いた。昼食。午後三時からは三十分ほど所内の散歩が許され、夜は「ぜんざい」の代用食が出されて食べ、午後八時に就寝した。

翌十一日も終日、新聞や聖書を読んで過ごした。しかし、目が字面を追っているだけでいっこうに頭に入らず、気づくといつもあきのことばかり考えていた。不覚にも涙がこみあげてきた。

十二日は朝から入浴が許され、久しぶりに

片山大尉の遺品の英語版の聖書
（ルーテル学院大学保存）

さっぱりした気分になった。夕方に弟が日本人牧師と一緒に面会に来てくれ、あきが元気にしていることを聞いて、それが何よりも嬉しかった。

十三日になると、巣鴨の生活に多少慣れてきて、気持ちに余裕が出てきた。とはいえ、これから先どうなるのかまったくわからず、不安な気持ちは変わらない。差し入れられたミカンを一度に十個も食べたり、所内の書棚にあった夏目漱石の『三四郎』を借りて読んだりして気を紛らわせた。

それから五日間も同じような無為な毎日が続いた。いったいいつまでこんな生活を送るのだろうかと思いはじめた十八日の朝、朝食が済むなりすぐにトラックに乗れと命じられた。あわてて手荷物を持って乗ると、行く先を告げられないままトラックは午前八時に出発した。トラックにはもうひとり同乗者がいた。植村重郎中尉だった。アンボン島にあった海軍のガララ捕虜収容所長をしていた男で、この時はじめて、ひょっとしたら自分の容疑はアンボン島での捕虜に関する事件ではないかと予感した。

トラックが着いたのは立川飛行場だった。すぐに輸送機は飛び立つと聞かされていたが、機体にトラブルがあったとかで、再びトラックに乗せられると警視庁に連れて行かれ、その夜は留置場で過ごすことになった。

翌十九日の朝、あきが友人と一緒に面会に駆けつけて来てくれた。前夜、MPに頼んで自宅に電話で連絡してもらったのである。

茶色の外套を着て立って待っていたあきは、まぶしいぐらいに美しかった。話したいことは山ほどあったのに、いざ向き合うと話は途切れがちで、あっという間に許された一時間が過ぎてしまった。まさかこれが妻との今生の別れになるとは、むろんその時は知る由もなかった。

片山と植村を乗せたトラックは再び立川飛行場に行き、ふたりが乗った米軍の輸送機は午前十一時十分に離陸。日本列島を眼下に見ながら南下を続け、午後三時に給油のために鹿児島の鹿屋飛行場に降りた。ここ鹿屋に来たのは初めてだったが、海軍の軍人であれば鹿屋の名前を知らない者はいない。つい一年前まで、「七生報国」のハチマキをしめ、まなじりを決した若者たちが次々と還らざる出撃をしていった特攻隊基地があった場所である。

その夜は、鹿屋で過ごしたが、愕然とした。ふたりが入れられたのは、雨ざらしの金網張りの檻、夕食は缶詰二個だけで、早くも戦犯扱いだった。

明けて二十日。朝八時四十五分に鹿屋を飛び立ったが、強風で飛行が続けられずに沖縄本島の与那原基地に臨時着陸。その夜は米海軍の兵士たちと一緒に寝ることになった。

二十一日は朝七時半に与那原を離陸。十一時にフィリピンのラワン飛行場で給油した後、午後二時半にニコラス飛行場着。その夜は飛行場近くの戦犯収容キャンプで仮泊することになった。そこには日本軍の将校たちが多数収容されていて、夜の十一時過ぎまで彼らとあれこれ話した。祖国を離れて何年にもなる将校が多く、内地の情勢をしきりと聞きたがった。

二十二日は、まだ薄暗い朝六時に起こされ、朝食を済ませると、新たに付いたオーストラリア軍のＭＰに急かされ、別の飛行機に乗せられ、午前十一時すぎに離陸した。機中であきや知人に宛てて何通かの手紙を書き、時計や万年筆、財布と一緒に日本に送ってくれるようにＭＰに頼んだ。

そして、エンジン不調でレイテ飛行場に緊急着陸し、一泊して二十三日にモロタイに着いたのである。

こうして巣鴨入りして以来の二週間を振り返ってみると、東京から四千キロという距離よりもはるかに遠い所にやって来てしまった気がした。あきの元に再び戻ることができるのだろうか、明日から始まるという裁判とはいったいどのようなものなのか、言い知れぬ不安がこみあげてきた。一方で、いや俺は間違ったことはしていない、オーストラリア軍にきちんと主張すればわかってもらえるはずだ、あとは神に委ねておけばいいと自分に言い聞かせて気持ちを落ち着かせてみた。しかしいくらそうやってみても、心は千々に乱れるばかりだった。

「取り越し苦労は無益にして、心に平安を与えざるの理を分別するは、言うに易く実行は困難なることとなり」その日の日記に片山はそう書いた。

死の宣告

片山の戦犯裁判は予定通り、二十五日に始まった。

その朝、トラックに乗ると巣鴨から一緒にやって来た植村の他に、アンボン時代の同僚だった高橋豊治中尉もいた。高橋の姿を見て、これで自分が裁かれるのは、間違いなくスコット少佐らの処刑のことだと確信した。高橋と会うのはアンボン以来だったが、互いに言葉をかける気にもならず、目で軽く挨拶を交わしただけだった。

着いたのは古い木造の小学校で、ここが裁判所代わりだった。控え室に充てられた教室に入ると、弁護人となるオーストラリア軍のキャンベルという大尉が来て、ごく簡単な挨拶をするとすぐ法廷に連れて行かれた。

法廷といっても教室の一室を使った名ばかりのもので、正面に英国王の大きな写真が掲げられ、横にオーストラリア国旗が立っていた。一段高い裁判官席のすぐ下はタイピスト席で、検事席と弁護人・被告席が左右に分かれ、後ろには傍聴席と新聞記者席もあった。

Court stand！　MPの叫ぶような声で全員が起立すると裁判官役の三人が入ってきた。

court resume！　の声で着席し、さっそく審理が始まった。

軍事裁判では、裁判官や検事役を軍人が担当するが、彼らは法曹出身者とは限らない。そのため訴訟指揮をする法務官が配置されることが多く、モロタイ法廷も法務官の指示に従って裁判が始まった。

被告は片山、植村、高橋の三名である。事前に言われた通り聖書に手を置いて宣誓すると、続いて検事役のウィリアム大尉が立って「スコット少佐事件」の起訴状の朗読を始めた。

事件は、四四（昭和十九）年三月二十七日、オーストラリア空軍のハドソン型偵察機一機がインドネシア東部のタニンバル諸島上空で日本軍の高射砲によって撃墜されたことから始まっている。墜落直前に機長のジョン・スコット少佐、キング軍曹、ウォーレス軍曹、ライト軍曹の搭乗員四名が脱出し、パラシュートで降下した。

日本軍は捜索隊を出して大掛かりな山狩りを行い、山中に潜んでいた四名を発見したが、逃げられてしまい、さらに捜索を続けた結果、五月になってようやく全員を捕縛した。

取り調べによって、逃亡中に現地民を襲っていたことが判明したとして四名を逮捕、彼らの身柄をアンボン島のガララ捕虜収容所に移した。

現地を治めていた海軍の第四南遣艦隊司令部は彼らを処刑することに決定し、その旨をガララ捕虜収容所長の植村重郎中尉（当時は兵曹長）に伝えて処刑の段取りをさせ、同年八月十六日に彼らをトラックで山中に連行し、午前九時に処刑した。

処刑方法は軍刀による斬首とした。司令部付暗号長だった片山日出雄大尉（当時は中尉）、司令部付将校の高橋豊治中尉（同少尉）、先任下士官の吉崎清里兵曹長、西田孝少尉（当時は兵曹長）の四名が命じられ、処刑を行った。

以上のような事実に基づく起訴状の朗読が終わると、裁判長が被告席に向かって、自分が有罪と考えるか無罪と考えるかと聞いた。罪状認否である。

裁判はすべて英語で行われ、オーストラリア人の通訳は一応付いていたが、たどたどしい日本語で法律用語にも不慣れな様子だった。東京外国語学校（現在の東京外国語大学）出身で英語に堪能な片山はいいが、植村と高橋がどこまで理解できたのか疑問だった。

豪軍の裁判は、英米式の公判中心主義で行われた。検察と弁護双方がそれぞれの主張を行い、裁判官はそれをスポーツ審判のようにジャッジする。だから被告はとりあえず「無罪」と言っておかないと、審理はそこで打ち切られ、すぐに判決に移ってしまう。

弁護人から予めそう言われていたので、片山たち被告は斬首の事実は認めたものの、処刑は司令部の命令で行ったことであり、軍の法規に基づく正当な手続きを経て行われた処分だったと認識している旨を述べ、三名とも「無罪」と答えた。続いて弁護人の簡単な意見書が読み上げられて一日目は終了した。

片山は意気込んで法廷に臨んだだけに、淡々と進められた裁判に拍子抜けするような思いだった。翌日の二日目もたいした審理はなく終わり、三日目は早くも結審だと聞かされて、驚いた。

その二十七日は、午前中にウィリアム大尉による論告があり、昼の休憩をはさんで午後再開された法廷で弁護人のキャンベル大尉が弁論を行った。これで「スコット少佐事件」の審理は終わり、判決は明日だと告げられた。

そして二十八日である。冒頭、裁判長のコステロ中佐は「三名は有罪」とのみまず告げ、キャンベル大尉が弁護人としての意見を述べると、ただちに量刑の言い渡しに移った。判決は、三名はいずれも銃殺刑という厳しい内容だった。公判が始まってまだ四日である。証人尋問はむろん、論争らしい論争もないまま、死刑宣告という重大事件にしては信じがたいほどのあっけない結末だった。

「本日判決あり。銃殺の判決あり。驚かず」片山はそんな短い言葉を日記に記しているだけで、感想もない。まさか死刑だなんて想像すらできなかったのだろう。説明すればわかってもらえるはずだと考えて出頭した期待は見事に裏切られたのだから、書く気にもならなかったということだろうか。


裁判とも呼べないような裁判でわかったことは、豪軍にとっては、片山たちが斬首したという事実さえ確認できればそれでよかったということである。捕虜の処刑がいつどんな手続きで決まったのか、誰がそれを命じたのか、さらには被告人たちに情状面で酌量の余地があるかどうかなんかはどうでもよく、結論ありきだったのである。裁判という形式はとっていたが、いかにスピーディーに〝処理〟するかが最も重要であって、真相究明の場ではなかったということである。片山は、〝連合国の正義〟を信じて出頭した己の愚かさを笑いたい気持ちだったに違いない。

戦犯収容所に戻ると、すでに判決内容は伝わっていて、みんな声をかけづらい様子だった。片山は気持ちを落ち着かせるとすぐにあきに手紙を書きはじめた。戦犯裁判は一審制で異議申し立ては認められていない。死刑判決のみは念のため執行前に本国で最終確認することになっているが、判決内容が妥当だと「確認」されれば翌日が執行日だと聞かされていた。判決を受けて間を置かずに処刑されている者が珍しくないだけに、片山はあきへの手紙を書きあげると、日本人の通訳にこれを日本に届けて欲しいと託した。

身の回りの整理をしていると、ふたりの海軍将校がやって来た。アンボン島の警備隊司令だった白水洋大佐と警備隊次長の宮崎凱夫大尉だった。アンボン時代の顔見知りの片山の判決を聞いて、心配して来てくれたのである。

白水と宮崎は、ともにすでに死刑判決を受け、処刑を待つ身だった。ふたりは裁判の話題は口にせず、昔の思い出話ばかりをした。こんな時にかける慰めの言葉の無力さを知っていたからだろう。片山はその思いやりがありがたかった。

翌日に暦は三月に替わった。日記には、一日、二日ともごく短い記述しかない。三日には「ヨブ記」を読んだと記されている。

「ヨブ記」というのは、キリスト教の旧約聖書の中に出てくる物語である。正しい信仰に生きていたヨブが、ある日突然、どん底に突き落とされ、財産から家庭の幸福、健康とすべてを失ってしまう。そんな絶望的な状況と苦悩にありながら、それでもなお神を信じ抜き、復活するというストーリーである。神の創造した世界にどうして悪と苦難が存在するのか、義人がなぜ苦しむのかを問いかけた物語である。

片山がどうして「ヨブ記」を読む気になったのかについては、何も書かれていないが、想像に難くない。敬虔なキリスト教徒として生きてきたつもりだったのに、なぜ自分が理不尽な死を受けねばならないのか。それほど大きな罪を自分は犯したというのだろうか。そうでないとしたらこの試練にはいったいどんな意味があるというのか。

納得できない死刑判決を呪いたい思いから自身の置かれた状況をヨブに重ねて読んだのであろう。判決後三日間の日記にほとんど何も記述がないのは、それだけ片山の苦悩が深かったということである。

絶たれた望み

死刑判決を受けてから一週間たった三月六日、十名の戦犯が一斉に処刑された。これまでにない大量処刑であり、死刑囚たちは震えあがった。

十名全員が陸軍の軍人で、木場茂大尉をはじめとする尉官が七名、下士官（憲兵軍曹、曹長）が三名だった。十日後の十六日には陸軍中佐の甲村武雄ら二名の死刑が執行され、以後、まるで堰を切ったかのように、処刑が急テンポで続いた。

モロタイ収容所にこの時いた戦犯は百八十八名で、うち二十一名が死刑囚、そのひとりである片山は、自分もいつ執行されるかわからないと覚悟を決めざるを得なかった。

三月二十一日は、結婚してちょうど一年目の日だった。四四（昭和十九）年九月にアンボン司令部から大本営軍令部付に異動になり、内地勤務になったのを機に、翌年のこの日、長く交際を続けていたあきと結婚したのである。

東京は連日のように空襲警報が鳴り響き、死者十万人以上を出した「東京大空襲」があった直後だったが、それでも予定通り結婚式を行い、ふたりは周囲からあたたかい祝福を受けて新婚生活をスタートした。

五カ月後に敗戦となった。東京は焼け野原と化し、食べる物にさえこと欠く貧しい暮らしだったが、それでもクリスチャン同士の若い夫婦は、いつも一緒に神に祈り、希望を持って前を向いて生きていこうと話し合っていた。それが一年後の今、自分はモロタイで処刑を待つ身となったのである。

あきとは、東京外国語学校の学生時代に通っていたキリスト教の教会で知り合い、交際した。卒業すると、思うところがあり、海軍予備学生に応募し、合格した。海軍が将校不足を補うために旧制の大学・高等学校・専門学校の卒業生を対象に呼びかけ、速成で将校を養成する制度として設けたもので、片山はその第一期生となった。十一カ月間の教育期間が終わって少尉に任官。四三（昭和十八）年一月に赴任した先がアンボンで、当時は南西方面艦隊と呼ばれていた司令部付の通信特務班将校となった。そしてアンボン離任の直前に「スコット少佐事件」に関わってしまったのである。

戦争さえなければ海軍に応募することはなかっただろう。周囲の期待通り教会の牧師になり、あきと清らかでつましい暮らしを送っていたはずである。それがどうしてこうなってしまったのか。今はただ残していくあきのことだけが気になり、それを考えると胸がかきむしられるようだった。

ベッドに座ってぼんやりもの思いにふけっていると、戦犯仲間のひとりが声をかけてきた。「ペティション」を出したかと聞くのだ。ペティションとは嘆願書のことで、戦犯裁判に上訴や再審の制度はないが、死刑についてだけはペティションの提出が許されていて、豪軍は一応審査することになっているのだという。それによっては減刑される可能性があり、実際に最近でも死刑から懲役十五年になった少将や、五年に減刑された大尉の事例があったと教えてくれた。

片山は藁にもすがる思いで、言われた通りすぐにかつての上官に相談し、アドバイスを受けるとペティションを書き上げ、豪軍当局に提出した。


四月に入った。

モロタイに届いてくるラジオの電波は、祖国で敗戦処理が急ピッチで進んでいる状況を伝えてきた。一日には佐世保の沖合で何隻もの伊号潜水艦が爆破処分されたという。二日には空母『龍鳳』の解体作業が開始。敗戦まで生き残った帝国海軍の虎の子が次々と処分されていくニュースは、片山たちにはわが身のことのように思われ、複雑な気持ちにさせられた。

翌三日、片山の「死」が確定した。提出したペティションは「無効」と判断されたと通告を受けたのである。これで最後の望みが絶たれた。もう他に助かる道はなかった。

後のことだが、このペティションについて今村大将に話したことがある。大将からどんなふうに書いたのかと聞かれたので、片山がこれこれですと話すと、今村は即座に「それはまずいことをしたな」と言った。片山は上官から言われた通り、捕虜を処刑した当日は処刑場には行っていない、妻は身重で自分が処刑されたら母子が路頭に迷うというようなことを書いて出した。上官は、そうすれば情状面で考慮してくれるかもしれないと言ったからである。

今村は違っていた。「事実と違うことを書くのが一番よくないんだ。調べればすぐにわかることだから、一部でもウソを書いたことによって本当の供述や主張さえ信用されなくなり、致命的になってしまう」と言うのだ。言われてみればもっともなことだった。その時は、助かりたい一心でそう書いてしまったが、今となっては、まさに後の祭り、後悔してももう遅かった。

祖国へ、そして何よりもあきの元に再び生きて帰ることができないことが決まってしまったためだろうか、ペティション無効が伝えられた日を境に、日記には素直に出頭したことへの後悔と獄中生活のつらさといった泣き言の記述が多くなっていく。

「獄中生活は単純です。無味乾燥です。時にたえ切れない衝動にかられます。戦争中の不始末を戦後我々がその報酬を受けるのはありがたいことではありません」(四月三日)

「モロタイに来た愚かさを考え出し、これも宿命ならんと思います。あきちゃんを失わんとしている私の魂は確かに苦痛です。日本民族の弱きがゆえに私たちがかかる苦痛を受けることを、しみじみ考えさせられます」(四月四日)

「牢獄生活はすべての人間性を否定せられた生活です。獄中生活はまだわずか二カ月ですが、ずいぶんと長いように思われます。銃殺されるならばあと一カ月以内の命、減刑される

にしても、今から幾年も囚人として送ることでしょう」（四月五日）

もはやすべての望みが絶たれ、死を待つだけとなった日々は、まるで罪の浄化を受けるために煉獄にいるかのようだった。

三　ラバウル「光部隊」

真夏の夜の夢

オーストラリア軍が突然、モロタイ収容所の閉鎖を伝えてきた。戦犯たち全員をラバウルに移すというのだ。四月二十四日が出発と決まった。

その日は朝五時に全員が起床し、六時に朝食。ただちにそれぞれが手荷物を持って屋外に整列し、点呼がとられた。総員百九十七名である。午前九時に迎えに来たトラックに分乗すると、ラバウル港に向かった。

岸壁では大型輸送船『ダントルン号』が待っていた。戦犯たちは銃を向けたＭＰに追い立てられるように乗り込み、片山ら死刑囚は一番船底に押し込められた。船倉は暗く狭くて、すし詰めだから雑魚寝するしかなかった。


ラバウルはモロタイから直線距離にすると二千八百キロ離れている。時速十二ノットで走っても百二十時間以上はかかる計算で、巨大に横たわるニューギニア本島の北側を西端から東端近くまで走っていく長い船旅だった。
南太平洋の海は、荒れない限り、波はそれほど高くない。しかしいつも大きくうねってい て、船はピッチングとローリングを繰り返しながら進んだ。空気のよどんだ船底で戦犯たち はたちまち船酔いに襲われた。海には慣れているはずの海軍将兵でさえのたうち回り、うめ き声をあげ、吐くものがなくなると黄色い胃液を吐いた。
まるでブタか牛を運ぶような航海だったが、いいこともあった。食事が豪兵と同じで、質 量とも申し分なく、堪能できた。片山たちの船倉のすぐ上は豪兵たちの住居区らしく、時折 り、彼ら向けの船内放送の音楽が漏れてくるのも嬉しかった。日本を出て以来はじめて聞く 軽快なワルツに片山の気持ちはわずかだが慰められた。

海のうねりは翌日も続き、船酔いに加えて下痢患者が出はじめた。それでも甲板に出るこ とが許されると、多少元気な者たちはぞろぞろと這い上がって、明るい日射しを浴びた。海 軍体操をしようと誰かが声をかけ、片山が号令者に指名された。片山の掛け声に合わせて、 みんなで体を動かし、その後に海水でシャワーを浴びて汗を流すと、久しぶりにさっぱりし た気分になった。

夕食後、片山はシェークスピアの『真夏の夜の夢』（英語版）を取り出し、横になって読んだ。好きな本の一冊で、日本から持ってきたのである。

アテネ近郊の森を舞台にした喜劇である。貴族や職人、森に住む妖精たちが登場し、「結婚か死刑か」を迫られる場面が有名だが、最後はハッピーエンドで終わるのもいい。季節は確か五月祭前後の設定だから、ちょうど今の時期である。

本を読みながら日本の季節が浮かんできた。もう桜が終わって、ツツジは赤や白のきれいな花を咲かせ、どの山も新緑が美しく輝いていることだろう。ふと、あきは今ごろ何をしているのだろうかと想像した途端、また悲しみが胸の奥からこみあげてきて、日記についこんなことを書いた。

「銃殺されるとすれば、ラバウルに着き次第すぐやられることでしょう。人生のはかない夢もやがて終わることでしょう。あきちゃんとの生活を想い起こせば一つの夢でした」（四月二十五日）

「はかない夢」――そう、わずか十一カ月の短い結婚生活だった。敗戦で空襲下の暮らしが終わり、新生活を始めた矢先の逮捕。時代の波に翻弄された青春だったが、それも間もなくラバウルに着けば終わるだろう。では、俺の人生はいったい何だったというのか、どんな意味があったのだろうか。砕け散った夢の後に残るのは、虚しさだけではないのか。

翌日、海は一転おだやかになると、果てしなく広がる一枚の大きな鏡のようだった。片山はひとりで甲板に上がり、海を眺めていたところに、輸送船の船員らしいオーストラリア人が英語で声をかけてきた。『ダントルン号』はつい先日、日本に行って戻ってきたばかりだと言い、その時に瀬戸内海を走り、呉港にも入ったが、途中で見た宮島の風景がとてもきれいで、特に印象に残ったと話した。

思わぬことに、オーストラリアの男の口から「呉」や「宮島」の名前が出され、片山は心がはずんだ。広島は自分が生まれ育った土地で、安芸の宮島には海に建つ赤い鳥居があり、呉は世界最大の戦艦『大和』を造った軍港だったんだと少し自慢げに話してあげた。話しているうちに、しかし、再びもうあの景色を見ることはない、そう思うと、何か切ない気持ちになった。

出港から五日目の二十九日、補給のためフィッシュハーフェン港に入った。上陸は許されなかったが、甲板に上がると、富士山に似た円錐型の島が聳えて見え、反対側にはニューギニア本島の海岸線が長く延びていた。

フィッシュハーフェンは、ニューギニア本島東部に突き出たフォン半島にある港で、ラバウルとニューギニア本島を結ぶ補給の要所として日本軍が一時占領したことがあった。四三(昭和十八)年九月から三カ月間、ここの争奪をめぐって米豪連合軍との激しい戦闘が展開され、日本軍の惨敗で終わったのだが、それが南太平洋戦線で日米の勢力が逆転する分岐点になったといわれている「フィッシュハーフェンの戦い」だった。こんな美しい島がつい数年前は戦場だったのかと思うと、戦争は何と無益で残酷なものかと思わざるを得ない。

航海中、甲板に出ることが許されたわずかな時間以外は、戦犯たちはみんな船倉で横になって過ごした。片山の隣りは、山本兵太郎と名乗る陸軍大尉だった。互いが死刑囚だとわかり、すぐに親しくなった。東京府立織染学校を出た後、農業をしていたという。インドネシアのボルネオ島方面を守備していた山本の部隊は、戦局が緊迫化したことから、捕虜のオーストラリア兵たちを安全な場所へと移動させたのだが、強行軍と食料不足から何人かの病死者が出てしまった。「それが虐殺だとされたんだよ」と、山本は自嘲気味に言った。

互いの家族の話にもなった。たたき上げの将校らしく、精悍さを今も失っていないが、幼いふたりの男の子の話になると、急にしんみりし、「それだけが心残りでな」と寂しげに言って目に涙をにじませた。

山本が処刑されたのは、それから四カ月後の九月七日朝で、妻宛ての遺書を残していた。

「短い結婚生活で苦しいような目まぐるしい幾年ではありましたが、思い出の青春は忘れられない数々でした。後は子供の養育を願います。（略）落ち着いた気持ちで従容立派にこのラバウル飛行場の脇、眺めの良い所で殉国散華します。中秋の今宵の名月を眺めて明朝の時を待ちます」

ふたりの子ども宛ての遺書もあった。

「二学期が始って元気で学校に行っている事でしょう。学校の本もむづかしいでしょうから、おさらいを良くして良い子になりなさい。（略）幸せにするよう守って居ります。きっと守って上げますよ」

十字星消えて夜明けの船路かな

陸軍大尉山本兵太郎、四十六歳の辞世の句である。

『ダントルン号』はフィッシュハーフェンを出るとニューブリテン島に沿って東へ進んでいった。ラバウルまでもうひと息である。

豪軍から許しが出たので、気晴らしにお国自慢の民謡大会でもやろうという話になった。もちろん三味線や太鼓があるわけではない。しかし、芸達者な兵隊たちが多くいて、次々に前に出てきては故郷の民謡や持ち歌を披露し、歓声が船内に響いた。

中でもやんやの喝采を受けたのが柿沼盛夫中尉だった。二十六歳の若き海軍将校が歌ったのはジャズの名曲『ダイナ』である。十年ほど前に大ヒットしたディック・ミネのデビュー曲で、半年でレコードが百万枚売れたという伝説の一曲だから誰もが知っている歌だった。

玄人はだしで唄う柿沼の歌声を聴きながら、片山は日本舞踊にもダンスにも通じていたあきのことを思い出した。気づくと自分も軽く口ずさんでいた。

『ダントルン号』がラバウル湾に着いたのは五月一日で、その日はいったん沖合に仮泊した。夕方、片山は上甲板に上がってひとりでラバウルの海を眺めた。静かな青い海に夕陽が映えて、その美しさに心がふるえた。そこに白水洋大佐がやって来た。

「なあ、片山。君の事件なんかは、わざわざ日本側から持ち出さなくてもよかったんだよなあ」

当然知っていることだと思ったのだろう。白水は海を見ながら話のついでのようにさり気ない口調で言ったが、片山はわが耳を疑った。えっ事件はこっちから言い出した？　日本軍から申告して発覚したというのか。にわかには信じがたい話だった。でもすぐに、そうかそういうことだったのかと、合点がいった。

スコット少佐たち四名は処刑後すぐに兵隊たちによって山中のどこかに埋められたと聞いている。しかし、裁判の中ではその遺体について触れられることはなかった。もし掘り出されていたなら遺体の損傷の状況などから、どのように斬首したのかと問いただしていたはずである。ということは、未だに遺体は発見されていないのではないのか。なのに自分たちが摘発されたということは、考えてみれば不思議だった。それが日本軍側の誰かが豪軍に申し出たということならわかる。

連合国軍が戦犯を摘発する際、日本側に通報者や協力者を求めるという話は耳にしたことがある。代わりにその者は免責される。いうところの司法取引である。

そういえば「スコット少佐事件」では、おかしなことがあった。処刑を命じたのは先任参謀のK大佐だったのに彼は無罪になっている。一緒に斬首した吉崎兵曹長は不起訴、もうひとりの西田少尉は逃亡したのか戦死したのか未だにはっきりしないまま裁判の対象外になっていた。

彼らのうちの誰かが通報者だったということだろうか。

白水大佐が立ち去った後、片山は日が落ちて暗くなった海を見続け、その場を動くことができなかった。


翌二日は午前八時半に大型のバージで岸壁に運ばれ、護送トラックに分乗して出発した。収容所は港の近くにあり、すぐに着いた。

正門付近は、銃を構えた多くの歩哨兵たちが警戒し、ものものしい雰囲気だった。入るとすぐに手荷物検査が行われ、持ってきたものはすべて机の上に出させられ、多くはその場で没収された。片山も聖書、讃美歌集、遺書まで何もかも奪われた。万一を考えて丸めた蚊帳《かや》の中に隠しておいた日記の手帳だけがまぬがれたのがせめての救いだった。

収容棟に入り、それぞれが寝る場所を決めていると、片山と植村のふたりだけが呼び出され、隣りの建物に連れて行かれた。建物といっても地面にテントを張っただけで、ベッドもなく、地面には雑草が生えていた。そこが処刑場に連れて行くための一時的な待機場所だとすぐにわかった。ラバウルに着くなりの処刑である。ふたりはまんじりともせずに夜を明かした。

予感した通り、四日の朝、植村が処刑された。午前八時半、後ろ手に手錠をはめられてテントから引き出されると、ジープに乗せられて収容所の南側の山に運ばれ、そこで銃殺された。

捕虜収容所の所長だった植村は、司令部の命令でスコット少佐らの処刑の段取りをしただけで、斬首には手を下していない。それで死刑とは、あまりに酷い処分だった。

その夜、収容所内で白水大佐を喪主にして植村のささやかな通夜が営まれた。僧侶出身の陸軍軍曹が読経する声を聞きながら、モロタイから連れて来られた戦犯たちの誰もが、容易ならざる場所に来たのだと思わないわけにはいかなかった。

誰よりも片山自身、自分の死が間近に迫っていると覚悟せざるを得なかった。

ストレイシープ

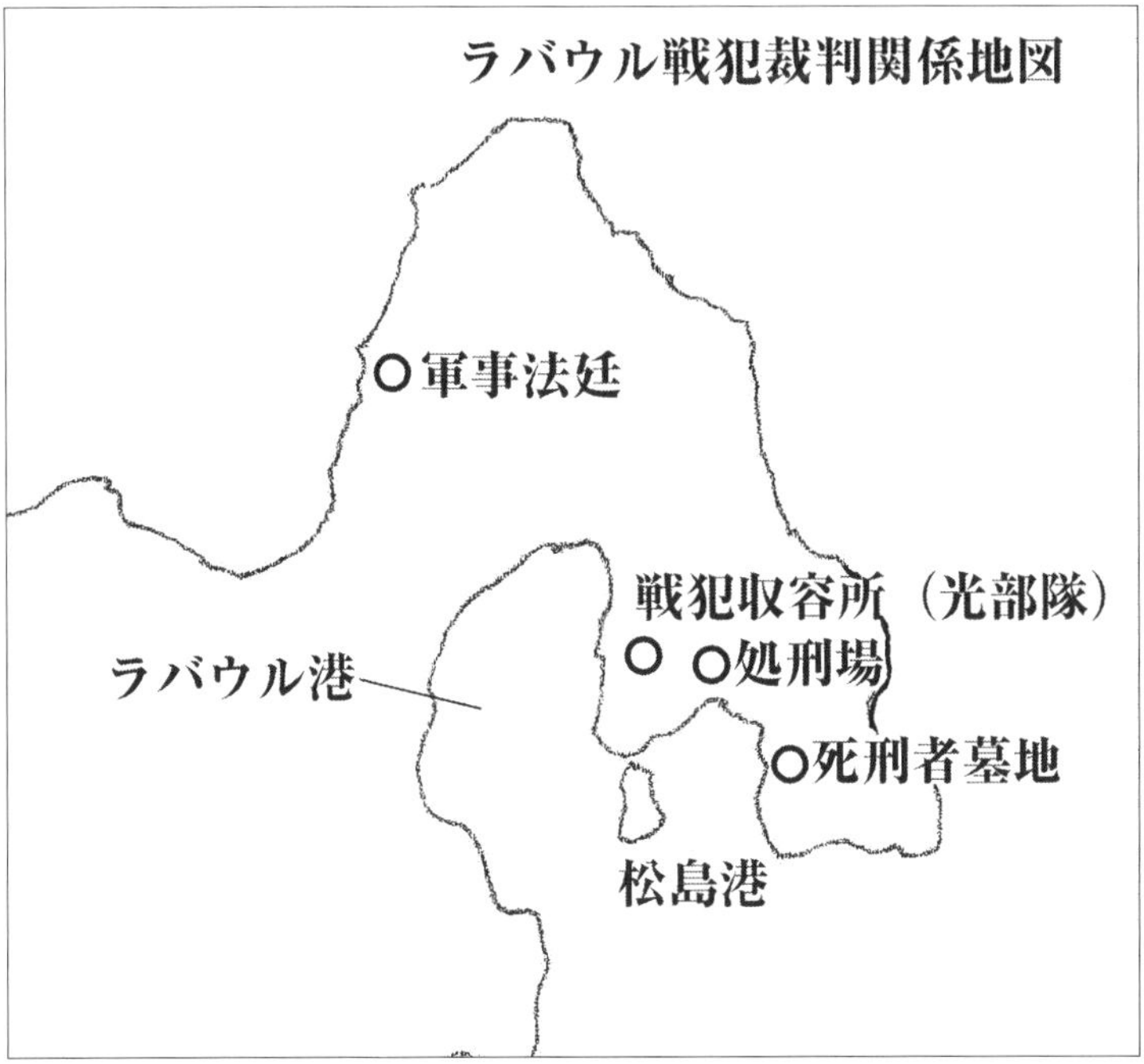

処刑はさらに一週間後の十一日にあり、川原清宗大尉、上田耕世中尉、柿沼盛夫中尉の海軍将校三名が同時に銃殺された。

この日朝、片山は豪軍と交渉し、三名と話す時間を与えてもらった。許された時間は二十分足らずだったが、片山は彼らに聖書の一節を読み、キリスト教における死の意味を話した。三名とも落ち着いた様子で聞き、それから刑場に出発した。

その夜、片山の提案で、点呼が済むとキリスト教式の告別式を所内の一室で営んだ。司会は奥座克己という海軍の軍属が務めた。奥座はブーゲンビル島の部隊で通訳だったことから自分も戦犯になったが、もともと牧師だった。集まった者たちはみんなで讃美歌を歌い、片山は三名の最期の様子を話した。柿沼中尉は『ダイナ』を唄った青年である。法政大学出身で、母親はすでに亡くなっていると聞いていた。恋人と思われる女性に「決して不幸とは思っておりません」と簡単な遺書を残していた。

五日後に、海軍の本地又二中尉と島川政一中尉の二名の銃殺が続いた。この時は、片山は処刑場まで同行を許され、夕食後の追悼式で彼らの堂々たる最期の様子をみんなに語った。

「省みて何らやましきことなし」（本地又二）

「国家のため死することは本望であります」（島川政一）

ふたりが残した最期の言葉を紹介し、三十六歳で逝った本地中尉の歌

故郷に育ておきたる若桜浮世の風に時を忘るな

幼いわが子への想いを託した詩を読みあげると、式場はしばし沈黙に包まれた。

夜遅くになって、片山は白水大佐に呼び出された。

外に出ると、心地よい風がかすかに吹き、空には満天の星が輝いていて、南太平洋ならではの神秘的な夜景が広がっていた。やって来た白水はいつも温和な表情を崩さない人物だが

今夜は違っていた。暗い沈痛な顔つきのまま、いつまで待っても何も言いだそうとしなかった。しかしそれがどうしてなのかは聞かなくてもわかった。相次いで処刑された者はいずれも白水の部下だったのである。白水自身が処刑を待つ身とはいえ、次々と先立っていく部下たちの死を見るのは、耐え難いのだろう。

ようやく口を開いた白水は、これ以上の犠牲者を出したくない、何かいい方法はないだろうかと尋ねた。何としても部下を助けたい一心なのである。その気持ちは痛いほどわかる。でも、だからといって自分に答えなんかあるはずはない。むろん白水にしてもこの期に及んで、しかも大尉にすぎない片山に相談してどうなるものでもないことはわかっているだろう。しかしそれでも聞かずにおれなかったのである。

結局、片山は何も答えられず、ふたりで黙ったまま夜空を見上げているより仕方がなかった。まるでそんなふたりを嘲笑うかのように、北斗七星がいつもより輝いて見えたのは気のせいだろうか。

戦犯収容所には陸軍第八方面軍司令官だった今村均大将と、海軍南東方面艦隊司令長官だった草鹿任一中将がいた。南太平洋方面における帝国陸海軍十数万の大軍を率いてきたふたりの存在は戦犯たちの大きな心の支えになっていた。

片山は早速、今村の元に挨拶に出向いた。今村とは初対面だったが聞いていた通り、少しも偉ぶらないざっくばらんな人柄で、「僕はね、このラバウル収容所を『光部隊』と名づけたんだよ」と言った。「彼らは必ず帰国し、そうなれば新生日本の礎となる栄光の人々だからね」と命名の意味を話した。片山には今村の真意がすぐにわかった。表向きはその通りなのだろうが、本当は戦犯の汚名を着せられ帰国できるかどうかもわからずに絶望と不安の日々を送る将兵たちを少しでも励まし、希望を持たせたいという思いから「光部隊」という名前にしたのだろう。片山は将たる今村の思いに深く感動した。

ラバウルは本当に美しい島である。活火山が聳え、高い山々が連なる。その風景の美しさは誰もが口をそろえて讃え、「世界一だ」と評する人さえいる。『どくとるマンボウ航海記』で知られる作家北杜夫は、自身の斎藤家をモデルにした長編小説『楡家の人びと』の中でラバウルの風景を次のように書いている。

「芳醇な光に満ちたこの地の風光は美しかった。すべてのものが単純に明るく、いわばその明るさのなかに中和され、一種ののどかな、もの静かな趣さえ呈していた。海の色、空の色、そして植物、個々のものたちは原色に色濃いが、その各々の濃艶さがそれぞれ相殺され、全体としてはそれほどどぎつい印象を与えないのだった」

北自身はラバウルに行ったことはないのだが、ラバウルに派遣された友人の軍医から聞いたのだという。人を魅了してやまない風景が目に浮かぶ、さすがの描写である。

そんな〝火山とジャングルの島〟は、第一次世界大戦まではドイツ領だった。ドイツの敗戦でオーストラリアの委任統治領になったが、今次大戦が始まり、日本軍が進出してきて、海軍の航空基地をつくり、南太平洋方面の一大拠点にした。戦時中、ラバウルは軍歌でも盛んに唄われ、その名前を知らない日本人はいない島となった。

北が書いたような、大自然の美しさを象徴する、そんな海と島々で、激しい戦いが繰り広げられたのである。

日本軍と米豪連合軍の南太平洋方面での戦闘は、東西二千二百キロ、南北八百キロという広大な海域で展開され、実に千日間にも及んだ。日本軍は約五十万トンもの艦船を失い、一日平均で二百五十名の戦病死者を出していった。ビスマルク諸島三万五百名、ソロモン諸島八万八千二百名、東部ニューギニア十二万七千六百名と、総死者数は二十四万六千三百名にのぼり、膨大な数の犠牲者となった。

とりわけ悲惨だったのがガダルカナル島の戦いだった。投入した将兵三万千三百五十八名のうち一万八千六百四十一名が戦病死、二千四百九十七名が行方不明と、合計二万千百三十八名の犠牲者を出し、死亡率は実に七〇%近くに達する悲惨な戦いだった。

圧倒的な物量を誇る米豪連合軍に追われた日本兵たちは高く連なる山脈と深い密林の中を彷徨うしかなかった。弾薬と食糧の補給が絶たれ、医薬品もなく、飢えとマラリアとの闘いが果てしなく続いた。戦病死といってもその実、餓死か病死がほとんどだったから、ガダルカナルの「ガ島」が陰で「餓島」と呼ばれても仕方なかった。

しかし､その悲惨はガダルカナル島だけのことではない。今でも南太平洋の島々には､餓死、病死、戦死した将兵たちの白骨が散らばったまま放置されている。戦没者の遺骨収集は進んでおらず、これまでに収集できたのは、この方面全体の一四・七％、三万五千五百四十七柱に過ぎない。収集が進まないのは、日本政府の努力が足りないこともあるだろうが、それ以上に、南太平洋の島々は奥が深く、険しく、人を寄せつけない場所だからである。日本軍はそんなところで戦っていたのである。


五月十八日の土曜日、オーストラリア人のマッピンという牧師が収容所を訪れた。豪軍の従軍牧師であり少佐だというマッピンは、処刑が相次ぎ戦犯たちが動揺していると聞いてやって来たのである。

昼休みにクリスチャンの日本兵たちを集めると、片山の通訳で聖書の話をした。集会が終わり、マッピンが今村大将にご挨拶したいと言うので、片山は収容所内にある農園に連れて行った。思った通り、今村は炎天下、野菜畑で鍬を振るっていた。ここは自給の野菜をつくるために開墾した農園で、発案者の今村もよくここに来ては自ら農作業をしていた。上半身裸に半ズボン、かつてこれが日本軍の将軍だったとは思えない農夫然としたかっこうで額に汗を浮かべて作業していた。

マッピンは英語で丁重な挨拶をし、「大将が自分から進んで収容所に入ったと聞いて驚きましたが、それはどうしてなのですか」と尋ねた。

「ああ、そのことですか。私の羊九十九匹は無事に日本に帰ることができましたが、一匹だけ迷ってラバウルに残されました。ですから羊飼いである私もこうして残っているんですよ。何とぞ少佐もストレイシープをよろしくお願いしますよ」

片山は今村の返事をそう通訳して伝えたが、マッピンは言っている意味がわからないのか怪訝な顔をした。

「じゃあ、ジェネラルはここで羊を飼っていらっしゃるのですね」

今村は途端に笑い声をあげた。

「いや、そうじゃないのです。閣下は聖書の話をされたんですよ。戦犯たちのことを迷える羊にたとえて話をされたのです」と片山は説明した。

ストレイシープの話は、新約聖書の『マタイによる福音書』に出てくる。九十九匹の羊が無事であっても、もし一匹の羊が迷って帰って来なかったら、羊飼いは探さないだろうかいうたとえ話である。今村はどうして自分がここにいるのかという思いを、マッピンは牧師だったから羊飼いの話に託して伝えたのである。

やっと理解したマッピンは、「それは大変に失礼しました」と恐縮し顔を赤くした。今村は大笑いし、その場は一気になごやかな空気になった。

これはオーストラリア人がいかに日本人は野蛮な民族であり、特に軍人なんかは教養のかけらもない残忍な連中だと思い込まされていたかということである。マッピンのような知識人でさえもそうだった。日本軍の将軍がまさか聖書に通じているとは思いもよらなかったのだろう。

「大将は子どもの頃にはキリスト教会の日曜学校に通っていて、洗礼こそ受けなかったものの聖書は機会あるごとに読んでおいでです」と、片山が付け加えるとマッピンは大きくうなづいた。

宮城県仙台市で生まれた今村は、もともと軍人になるつもりはなかったらしい。確かに片山の目から見ても、見るからに軍人といった趣はあまり感じられなかった。本人は旧制高校に行きたかったのだが、裁判官だった父親が早世したことで断念せざるをえず、授業料のいらない陸軍士官学校に進んだ。

一九〇七（明治四十）年に卒業し、部隊勤務を経て陸軍大学に進み、トップの成績で出てからはエリート軍人の道を歩んできた。

三一（昭和六）年に陸軍参謀本部作戦課長になった。帝国陸軍の戦略を練る中枢の役職である。この年九月に満洲事変が起き、柳条湖での関東軍と中国軍の武力衝突の事態収拾に追われたひとりでもあった。

その後、関東軍参謀副長や陸軍省兵務局長などの要職を歴任。開戦になって中国・広東の第二十三軍司令官からインドネシア・ジャワ島の第十六軍司令官に転任した。第八方面軍司令官になったのは四二（同十七）年で、以後は敗戦までずっとラバウルにとどまり、南太平洋方面の指揮をとってきた。

敗戦時、この方面には陸海軍約十万名の将兵が残されていた。敗戦になった以上、いかにしてこれら将兵を祖国の家族の元に無事に帰すかが自身に課せられた最大の務めだと考えた今村は、オーストラリア軍と交渉し、できるだけ早くみんなが復員できるよう努めてきた。しかしまだ一部残っている兵隊もおり、また戦犯になり不安に怯えている将兵も数多くいた。今村は彼らを〝迷える羊〟と考え、その救済に命がけで取り組んでいたのである。

片山は、今村が自ら戦犯になることを志願してでも彼らと苦楽を共にしようとあえて苦難の道を選んだ生き方に強く心を動かされた。自分はいつ処刑されるかわからない身ではあるが、絶望するのはまだ早いかもしれない。残された日を仲間の戦犯たちのために生きてみたい。自分にできること――オーストラリア軍との交渉役や通訳、翻訳など、今村の手足となって働こうと決めた。今村との出会いは、片山が失意のどん底から立ち上がる転機となった。

裏切りの高官

五月十九日は朝から肌が焼けるようなギラつく太陽が照りつけた。前夜は激しい雨に見舞われ、コンパウンドのあちこちで雨漏りがし、夜通しで雨汲みに追われていた戦犯たちも日射しは強いがいかにも南洋らしい天気に誘われて外に出てきた。

日曜日なので、片山が呼びかけてキリスト教の集会を開くことにした。今村大将にも声をかけると参加してくれ、奥座牧師が新約聖書の山上の垂訓やゲッセマネの祈りについて説教をした。

「毎日が戦いです。でも神様に恵まれています」（五月十九日）

気持ちを切り替えることのできた片山は、ラバウルに来て初めてあきに手紙を書く気になり、今の状況と心境を伝えることにした。

とはいっても揺れ動く気持ちが消えたわけではない。手紙には「減刑になるような気が致します」とか、「これで生命を得れば実に大きな修業であると思います」と、まだ未練がましいことも書いていた。

植村の処刑後すぐ自分も続くだろうと覚悟していたのに、その後何の音沙汰もない。もしやという希望めいた思いが浮かんだのだろうか。でもその一方で「万一のことがあっても心の準備は成っていますから、静かに召されたいと思います」とも書き、気持ちは定まっていなかった。

その手紙で片山は、あきに初めて事件について知らせることにした。自分の夫がいったい何の容疑で逮捕され、どのような理由で死刑判決を受けたのか。そう遠くない日に処刑されたという通知を受けることであろう時の彼女の気持ちを考えると、伝えないわけにはいかなかった。

「アンボン二十五根司令官I中将、K大佐、K中佐等の上級士官の無責任と、部下に責任を負わせたことは実に心外に耐えませんでした。特にアンボンの海軍の法務少佐Kが豪軍のスパイの如くなって密通していたことは、同じ海軍の一員として非常に残念でなりません」

手紙にある「二十五根」とは第二十五特別根拠地隊のことで、敗戦までラバウル方面を治めていた海軍の主要部隊である。「I中将」は司令官をしていた一瀬信一中将である。ただ、「スコット少佐事件」の発生時、一瀬はまだ司令官ではなかった。「K大佐」と出てくるのは、司令部の先任参謀で間違いないだろう。電話で植村重郎に処刑を命じたとされている事件の中心人物である。

もう一人の「K中佐」は、司令部付参謀にKという捕虜担当中佐がいたので、その人物かと思われるが、ほかにもイニシャルが「K」の中佐はいたので断定はできない。

片山が密通者としている「法務少佐K」は特定できる。司令部には「K」という法務官はひとりだけで、この人物はほかの戦犯資料にも再三出てくる。

事件当時は司令官でなかった一瀬中将についても、片山は無責任だと批判しているが、これには理由がある。一瀬は四五（昭和二十）年十二月十七日付で、豪軍司令部に「行方不明飛行士に関する報告書」という文書を提出している。

その報告書には、四四（同十九）年八月十五日に司令部からガララ収容所長の植村に電話でスコット少佐ら四名の処刑を命じたこと、翌十六日に植村が片山ら三名を処刑場に案内したこと、また先任下士官の吉崎の話として、片山、高橋、吉崎、西田の四名が処刑にあたったことが書かれていた。

ただ、一番肝心の司令部の誰が処刑を決め、植村に命じたかについては明確にしていない。それどころか、命令したと考えられる「K大佐」については、八月十五日にマニラで開かれた「捷号作戦」の会議に出席していてアンボンにおらず、戻ったのは十六日だったと書いている。つまり彼が命じたのではないとかばっているのである。

報告書は一瀬が豪軍に求められて提出したものなのか、自分の方から積極的に出したものかははっきりしない。それと事件当時は司令官でなかった一瀬がいったい誰から聞いた話として書いたのかもわからないが、いずれにせよこの文書が「スコット少佐事件」の決め手になったことだけは間違いなさそうである。

片山はあきに、「軍法会議を通過した合法的な事件であるにもかかわらず、事件を彼ら高級士官に有利にデッチ上げ、軍法会議を法務官自身わざわざ否定し、実にアキレタ卑劣ぶりには驚きました」と書いている通り、事件の最も重要なポイントである軍法会議について法務官が否定したことから、片山ら実行行為者だけが裁かれることになったのである。だが、常識で考えても、下級将校と下士官だけで捕虜の処刑を勝手に決め、実行するわけがない。にもかかわらず豪軍はそれ以上は追究しないままに事件の幕を閉じたのである。それが「スコット少佐事件」というものだった

ちなみに、事件当時に司令官を務めていたのは山縣正郷という中将だが、四五（同二十）年三月十七日に自決している。まさに死人に口なしだった。

死闘の果てに

片山がアンボン司令部に在籍していたのは、四三（昭和十八）年一月から翌四四（同十九）年九月までの一年八カ月間だった。南太平洋方面は、今次大戦史でも特筆に値する激戦域だったが、片山が赴任した時点ですでにこの方面の勝敗の帰趨は決していた。

そもそもは開戦初頭の四二（昭和十七）年一月、陸軍と海軍の陸戦隊がラバウルに上陸、トラック島に海軍最大の最前線基地を建設することからすべてが始まっている。

緒戦の勝利に酔い、戦線を目いっぱい広げ、F・S作戦（米豪遮断作戦）を展開するなど圧倒的優位に立っていた日本海軍だったが、この年六月五日のミッドウェー海戦で空母四隻を一挙に失う大敗を喫したことから逆転が始まった。大本営の予想より半年早い同年八月に米豪連合軍による反攻が開始されると、ガダルカナル島は悲惨な死闘への道をたどっていった。

戦局の立て直しを命じられたのが今村均だった。急きょ第八方面軍の編成を命じられ、ソロモン方面は第十七軍が、ニューギニア方面は第十八軍、ニューブリテンとアドミラルチイ諸島は方面軍直轄という地域割りを決め、体制を一元化した。

しかし、いったん逆回転を始めた歯車を元に戻すのは容易ではなく、戦局は悪化する一方で、すぐに前線への補給さえままならなくなった。片山がアンボンに赴任した直後の四三（同十八）年二月には、今村は大本営と激論の末、ガダルカナルからの撤退を決めた。

その頃のことだが、今村が最前線のブインに向けてラバウルから飛行機で激励に向かったことがある。この時、米軍の戦闘機数機の襲撃を受けた。パイロットの巧みな操縦でからくも逃げ切ることができたが、今村は制空権が完全に失われていることを痛感させられた。

海軍が戦局打開に始めたのが「い号作戦」で、戦闘機四百八十機、艦上爆撃機百十四機、陸上攻撃機八十機（延べ）と残っていた総力のほとんどを投入して起死回生の大勝負に出た。しかしそのさなかの四月十八日、最前線部隊の激励にラバウル基地を飛び立った連合艦隊司令長官山本五十六大将が乗った一式陸上攻撃機が撃墜されてしまった。日本軍の通信が傍受され、待ち構えていた米軍のP38戦闘機十数機の襲撃を受けたのである。これを機に日本は敗戦への道を一気に転げ落ちていくことになった。

山本とは昔からのトランプ仲間で親しかっただけに、今村の受けた衝撃は大きかった。南太平洋方面はもはや事実上孤立したと判断した今村は、十万余の将兵をどう守りながら、次の作戦に臨むのかへと方針を変更した。

まずは守備を固め直し、盤石な守りの体制を築くことを最優先とし、そのうえでいずれやって来るだろう反攻の機会を待つべきだと考えた。方面軍経理部長を呼ぶと、十万将兵が自活できる方法を研究するように命じた。

そこから生まれたのが「戦耕一如」と呼ばれたユニークな持久・反撃作戦だった。一週間を訓練日、陣地構築日、開墾・農作業日と三分割して二日ずつをあて、残り一日を保健日（マラリア対策や休養）にした。これを全軍にローテーションで割り振って取り組ませ、敵の艦砲射撃や空爆をどれだけ受けても揺るがない陣地の構築と、一兵たりとも餓死させない食糧の確保、今村はそれが唯一の生き残れる道だと考えた。

見る間に山々の内部に細い迷路のように走るトンネル陣地が出来上がっていった。総延長は四百五十キロメートル、東京―神戸間と同じ距離の、文字通り難攻不落の地下要塞が完成した。

自給作戦では、雑木林を開墾していたる所に農地をつくると、将校も兵隊も区別なく農作業に従事させた。これによって確保できた食糧は、一年目は計画の三〇％程度だったが、二年目の四四（昭和十九）年末には六〇％、敗戦時には一〇〇％近くを達成。降伏した時にあった備蓄米は百八十四トンにのぼっており、ラバウルにはもはややせ細った兵隊は誰ひとりいなかったという。

そんな今村にも誤算があったとすれば、米豪連合軍が最後まで攻撃して来なかったことである。難攻不落の陣地と豊かな食糧を持つ日本軍の状況を敵はつかんでいて、無用な血を流す戦いを避けたのである。結局、今村は反攻の機会を得ないまま敗戦を迎えてしまった。

四五（昭和二十）年八月十五日の昼、今村は幕僚たちと一緒に地下深くの司令部通信所に並んで、ラジオから玉音放送が流れてくるのを待った。しかし雑音がひどくて、天皇陛下が何を言っているのか聞き取ることができず、午後三時になって電信文でもたらされた海軍大臣の詔書伝達を教えてもらい、また同盟通信（共同通信の前身）の情報を傍受してやっと敗戦を確認するというありさまだった。上空ではすでに米軍機数機が飛んできて、「日本軍全面無条件降伏」の吹き流しをつけて旋回していたという。

ここから今村の次の奮戦が始まる。

翌十六日、全軍の幹部を緊急に集結させると、終戦詔書を伝達し、自身の全将兵宛て「別離の辞」を述べた。

日本政府が降伏文書に調印したのを待って、九月六日にオーストラリア軍との降伏文書の調印式に臨み、ラバウル東方のセントジョージ岬沖に現れた英軍空母「グローリイ号」艦上で、オーストラリア陸軍第一軍司令官ダイク・スターデイ中将の前で降伏文書にサインした。

イーサー陸軍少将率いる第十一師団がラバウルに進駐してきたのは四日後の九月十日である。「集団宿営地構想」なるものが提示され、陸海軍将兵を収容する施設づくりが命じられた。構想では、少将以上の将官は一カ所に集めて「将官集団」とし、大佐以下の九万二千六百十九名については一万二千名を一集団とする「集団宿営地（C・C）」を八カ所つくって収容すること、また各宿営地は約三平方キロメートルほどの広さにし、それぞれ五キロメートル以上の間隔を空けることなどがこまかく指示された。

今村均大将（昭和20年、ラバウル）

日本兵が収容されたラバウルの大キャンプ（杉野金男氏スケッチ画）

今村はただちにその実施を各部隊に命じ、突貫工事によって早くも十月末にはそれら宿営地が完成した。同時に武装解除も進められ、銃などを処分し、大砲などはすべて海に投棄した。

こうして今村の指揮の下、敗戦処理は迅速かつ整然と進んでいったが、その状況を見ていた豪軍は逆に不安になった。この方面に限っていえば、前述の通り、日本軍は負けていない。それどころか訓練も十分に積み、食糧も豊富にある十万余の大部隊が無傷で残り、今でも命令一下戦う力を十分に持っていたからである。方や豪軍はその十分の一以下の八千名の部隊にすぎなかったから、日本軍がその気になれば、反乱どころか本格的な戦闘だって可能だった。だから不安にかられたのである。むろん今村

ガダルカナルに今も残る旧日本軍の高射砲（著者撮影）

の下では何ごとも起きなかった。

豪軍は戦犯容疑事件の調査にも乗り出した。日本政府が受諾したポツダム宣言に「一切ノ戦争犯罪人ニ対シテハ厳重ナル処罰ヲ加ヘラルベシ」（第十条）とある通り、敗戦処理はまず日本軍の解体と共に懲罰を課すことだった。イーサー軍は本国の指示に従って早速、調査を始めたが、しかしいくら調べても問題にできるような事案は出てこなかった。今村の部隊は戦時中も徹底した軍規保持がされていたからである。イーサー少将は九月三十日、本国に宛てて「ラバウル方面の日本軍には戦犯容疑者なし」と報告をあげた。

だが、本国はこの報告に納得しなかった。戦犯の摘発はマッカーサー元帥の至上命令である。他国軍や他地域では戦犯容疑者逮捕がどんどん進んでいるのに、十万将兵がいるラバウル方面でゼロはあり得ないというのである。そこで現地軍には任せられないとばかりに豪軍中央は、急きょ戦犯担当の二名の検事を本国から派遣し、調査の全面的なやり直しを始めた。

十一月に入ると、とりあえずラバウル東南地区にある通称「伯母山」の山麓に戦犯収容所（W／C・C warcriminals compound）を開設して受け入れ態勢を整備すると同時に、日本軍に弁護団を編成するよう命じた。

第八方面軍法務部長だった矢嶋昌良法務少将以下、弁護人二十名、通訳九名、翻訳官七名、その他を含めて合計四十名の態勢が整うと、それを待っていたかのように豪軍は戦犯の摘発を開始、十二月五日に容疑者第一陣を逮捕した。それも一挙に六十九名という大量の逮捕者で、さらに二日後の七日に四名、十日に二名と続き、逮捕者は最終的に七百二十六名（うち将官十七名）にのぼった。

最初の逮捕から一週間もたっていない十一日には早くも戦犯裁判が始まった。最初に裁かれたのは、陸軍の憲兵准尉と曹長の二名が被告となった中国人に対する拷問事件で、弁護人の関山忠光法務大尉が事実無根だと主張したが、まともに審理されないまま、翌日には、曹長は無罪となったものの憲兵准尉には無期禁固（その後に禁固十年に減刑）の判決が下された。

死刑判決もすぐに出た。死刑第一号は、華僑の女性への拷問・強姦が問われた憲兵軍曹だった。これも関山が弁護したが、判決後ただちに処刑された。

　こうして始まったラバウル方面の戦犯裁判は、最終的に起訴者は四百八名にのぼり、うち死刑判決（銃殺・絞首刑）が百二十一名、終身刑八名、有期刑百七十一名を出すに至った。「該当者なし」だったはずが本国の意向で一転し、大量の戦犯者を生む結果になったのが豪軍によるラバウル戦犯裁判だった。


　この事態を今村が看過するはずはない。十二月三十日にイーサー少将に面会を求めると、「自分を戦犯にせよ」と申し入れた。むろん、自身は戦犯に問われるようなことはしていないし、部下に命じた覚えもない。だが、部下たちが次々と逮捕され、処刑されていくのである。もし彼らに罪があるというなら、それは司令官たる自分の責任である。だから指揮官ひとりを裁けばよい、というのが今村の考えだった。

　その後、今村は東京のマッカーサー宛てにも文書を送っている。「戦争犯罪法に関する印度人等の身分に関する申請」と題する文書である。ラバウルの戦犯事件にはインド兵を被害者としているケースが多く、それには大きな誤解があるという抗議文だった。

　これには少し説明が必要だろう。

　開戦当初、日本軍は東南アジア各地でイギリス軍の兵士を多数捕虜にしたが、この中にインド兵が数多く混じっていた。折りしもインドでは、イギリスからの独立運動が起きていて、アジア解放を掲げていた日本に協力を求める動きがあった。その中心になったのが、「自由インド仮政府」国家主席のスバス・チャンドラ・ボースだった。

そこでもし日本軍に協力すると誓うのであれば、捕虜から除外し仲間として扱うという特別措置を考え、希望者を募ったところ多くのインド兵がこれに応じた。

日本軍は、協力を誓った彼らを「宣誓解放（宣誓に基づく解放）者」と呼び、「特設陸上勤務隊」あるいは「特設海上勤務隊」という名前の部隊にして使った。ラバウル方面だけでもこうした外国人は約八千名おり、このうち五千五百名がインド兵だった。

つまり今村の主張は、彼らは捕虜ではなく〝軍内部者〟である。だから仮に虐待のような事実があったとしても、それは日本軍内部の問題であり、戦犯対象にならないということだった。しかも彼らが被害だと訴えていた「暴行」の多くはビンタであり、日本軍ではビンタは兵隊に対する教育か懲罰の意味合いが強く、虐待ではないとした。

ビンタ以外では、病気のインド兵に薬を与えたものの死んでしまったことが「毒殺」とされたり、食事に出したゴボウが「木の根を食わせた」とされたケースさえあった。

苦しまぎれに豪軍が無理やり〝被害者〟を探し出してきたという事情があったのだろうが、インド兵側にも事情があった。日本軍に協力していたという〝過去〟は、帰国後に自分が不利になると怖れて被害者だと申し出たというのである。

今村は、こうした事情を理解してもらい、そのうえで豪軍を適切に指導してほしいとマッカーサーに訴えた。文書の終わりに今村はこう付け加えていた。

「（連合軍が戦争犯罪を追及するのであれば）指導監督の地位にある軍司令官の全責任にして、部下個々の負うべきものに非ずと認む。故に余を速かに裁判に付すことを申請す」

敗軍の将である今村が直訴した相手は、連合国軍最高司令官だった。片山はこの文書を英訳しながら、今村がわが身を顧みず、捨て身で部下を救おうとしていることに言い知れぬ感動を覚えた。

四　アンボン島事件

悲しき汽笛

一般将兵のラバウルから祖国への帰還が始まったのは、一九四六（昭和二十一）年二月だった。第一陣の復員船としてニ十六日にココボの港に入ってきたのは『葛城』で、基準排水量一万七千トンという巨大な船だった。

出港は三日後で、一万二千三百二十五名もの将兵たちが大きな荷物を背負って乗り込んでいった。敗戦から半年、家族の待つ祖国にようやく帰れる日がやって来たのである。

だが、待ちに待った日のはずなのに、誰ひとり嬉しい顔は見せずに黙々とタラップを昇っていく姿は、何か異様なものを感じさせた。彼らの胸には例外なく白布で包まれた遺骨の箱が抱かれていた。その数は帰還兵数を上回る一万三千二十六柱。同じ戦場で共に戦い倒れていった戦友たちだった。

鋭い汽笛が山々に響き、船体がゆっくりと岸を離れた。船の舷側には将兵が一列に立って並び、ある者は直立不動で敬礼し、ある者は手や帽子を大きく振って別れを告げたが、誰もが無言のままだった。岸壁で見送る兵隊たちも同じように黙って手を振っていた。そこにはバンザイも歓声もない。海を隔てて互いにただ見つめ合っている姿しかなかった。

帰っていく者と残される者、そして骨となって無言の帰国をする者……残酷なまでに明暗に分かれた運命が異様な光景をつくり出していたのである。彼らのそれぞれの胸の内に去来するものを知ってか知らずか、その日のラバウルは、いつもより空も海も青く輝いて見えたと語られている。


それにしても一度に一万人以上も運べる船が、日本にまだ残っていたというのは驚きである。オーストラリア兵たちは見たこともない巨大な船の姿に歓声をあげていたが、『葛城』を知る海軍将兵たちは複雑な思いで船体を見上げていた。

第二次世界大戦は航空戦の時代の幕開けとなったが、それを告げたのが日本海軍だった。米海軍太平洋艦隊を壊滅させたハワイ真珠湾攻撃、マレー沖での英海軍の不沈戦艦『プリンス・オブ・ウェールズ』の撃沈は、時代がそれまでの戦艦主体の海洋決戦から航空決戦に変わったことを証明してみせた。

その日本海軍が、翌年六月のミッドウェー海戦では米軍の航空部隊によって主力の空母四隻を一挙に失い、敗戦につながる契機をつくってしまったのだから歴史とは皮肉なものである。

海軍は急きょ態勢の立て直しのために空母十五隻を急造する計画をつくった。しかし如何にせん、鉄などの建造資材と造船能力が決定的に不足していて、完成できたのは計画の二割、三隻だけだった。失ってもすぐに新しい艦船を補充できるアメリカとは国力が違いすぎた。

かろうじて竣工できた空母三隻のうち、『雲龍』はルソン島での輸送作戦中に米軍潜水艦の魚雷で撃沈され、『天城』は呉港に停泊中に空爆を受けて横転した。四四（昭和十九）年十月十五日に広島の呉海軍工廠で完成した『葛城』だけが中破したものの敗戦まで生き延びることができた。そして、広い格納庫を持つ空母ゆえに最大の復員船になったのだから、これまた皮肉なことである。

ラバウルでの帰還が始まると、四、五日ごとに復員船が港に入って来た。船の多くは米軍が戦時中に大量に造ったリバティ船と呼ばれる戦時標準の輸送船が使われた。このピストン輸送のおかげで、当初は四、五年かかるかとみられていた復員作業は、この年の十一月十六日には早くも完了した。

今村が、自身が希望した通りに戦犯としてラバウルの収容所に入ったのは四六（昭和二十一）年四月二十八日だった。モロタイから移送されて来た片山と出会ったのはその四日後だった。

片山の並外れた英語能力と誠実で信頼できる人柄をすぐに見抜いた今村は、豪軍との交渉には必ず立ち会わせるようになった。彼がクリスチャンだと知ると、キリスト教の集会をつくれないかと持ちかけた。片山が始めたのは、教会とは名ばかりのささやかな集会にすぎなかったが、「光教会」と名づけたのも今村である。

絶望の底にあった片山は、そこに生きる希望を見出した。さらに「英語バイブルクラス」も始めた。聖書を教材にした〝英語塾〟といったものだが、これも「日本に戻れば英語が必要な時代だ。今のうちにみんな身につけた方がいい」という今村のアドバイスに従ったものだった。

収容所では鉛筆と紙類の所有は禁じられていたが、片山は豪軍の伍長からノート三冊をもらうことができた。授業を始めると、クリスチャンではない兵隊たちからも参加者が出てきた。彼らは「片山先生」と呼んで慕ってくるようになり、〝生徒〟の中から洗礼を受けたいと申し出てくる者も少なくなかった。

片山はここラバウルにこそ自分の使命があるのではないか、戦犯になったことに何か大きな意味があるのではないかと思えるようになってきた。

アンボンで何があったのか

日本軍と豪軍の交渉窓口になった片山の存在は日増しに大きくなり、もはや日豪双方にとって欠かせない人間になった。豪軍からもその能力が認められ、通訳だけでなく裁判関係書類の翻訳を頼まれることが多くなり、そんな資料の中に「アンボン島事件」に関する被告の陳述書が多数あった。あの人格者で知られ温厚な白水大佐が率いる部隊でどうして戦犯に問われるような事件が起きたのか、なぜ白水大佐がその主犯格とされたのか、片山は信じられない思いでそれらの文書を読んだ。

アンボン島はインドネシアのモルッカ諸島に属する火山の島である。ここに日本軍が進出したのは、開戦間もない四二（昭和十七）年一月三十一日の未明で、陸軍東方支隊（支隊長・伊東武夫少将）と歩兵第二二八連隊（連隊長・土井定七大佐）、そこに海軍呉第一特別陸戦隊が加わった陸海軍の大部隊で上陸を開始した。

島を守備していたのは、オランダ軍とオーストラリア軍の合同部隊（約三千六百名）だった。島の西南部にあるラハ飛行場の争奪をめぐって両軍は激突し、圧倒的に優勢な日本軍がわずか四日間で制圧した。

主力部隊が他へ転戦した後、日本軍は約五百名の将兵で守備にあたった。だが、豪蘭軍の捕虜の数はその三倍近くいて、一部不穏な動きがあったことから約三百名を湿地帯に連行し、機銃掃射によって殺害した。これが後に「ラハ事件」と呼ばれる、アンボンでの最初の事件となった。

残った捕虜千四十八名をラハ対岸のガララ捕虜収容所にいったん収容し、このうち五百名はすぐに海南島に移送した。最終的に豪兵五百二十八名、米兵十四名、オランダ兵六名の計五百四十八名が残った。

そのうちに脱走したり食料を盗む者が出てきて、捕まえては斬首処刑した。戦犯裁判の記録によると、許可なく現地人と交流したとして十一名、食料窃盗四名、逃走未遂・食料窃盗及び破獄が各一名の計十七名で、これが「ガララ事件」と呼ばれる第二の事件である。片山がアンボンに赴任する三カ月前の出来事だった。

第三の事件とされたのは、それ以後の敗戦までに起きたもので、いずれも食料を盗んで逃亡した捕

アンボンでの白水洋海軍大佐

虜たちを斬首した三件をいう。こうした一連の事件が「アンボン島事件」と呼ばれて裁かれたのだが、全体の事件を主導したとされたのが白水大佐だった。

なお、片山が死刑となった「スコット少佐事件」は、同じアンボンで起きた戦犯事件ではあるが、偵察機搭乗員の処刑事件であり、一連の捕虜処刑事件とは区別されている。

さて、白水について「事件を主導したとされた」という表現で書いたが、これには理由がある。

海軍では捕虜の管理をどの部門が行うのか明確ではなく、事件の責任の所在がはっきりしないまま白水部隊に全てが押し付けられた可能性があるからである。

捕虜収容所の所管は本来なら陸軍だが、海軍で行う場合、特に戦地では捕虜をお荷物として押し付け合うことがしばしばあった。それに食糧や医薬品が極度に不足していて、捕虜たちに適切な対応ができずに死者が続出したという事情もあった。結局、アンボン島事件では白水が司令をしていた第二十警備隊だけが貧乏くじを引かされた形になったのである。

とは言っても、いかなる事情があったにせよ、アンボンだけで三百七十九名もの捕虜が死亡し、戦争終結時に生き残っていたのが百三十九名にすぎなかったという悲惨な事実は、捕虜の扱いに重大な過失があったことは否定できない。要は、その責任がどこにあったかということである。

アンボン島は、インドネシアのスラウェシ島（セレベス島）と巨大なニューギニア本島にはさまれるようにバンダ海に浮かび、淡路島ほどの大きさである。透き通った青い海とサンゴ礁、熱帯雨林が生茂り、古くから香辛料や胡椒の特産地として知られてきた。

そんなのどかな風景の島だが、意外にも古くから「争いの場」になってきた島でもあった。十六世紀にまずポルトガルが占領し、十七世紀初めに進出してきたオランダに統治された。一時期、イギリスが手を伸ばそうとしてオランダと激しい戦いとなり、これが歴史の教科書に出てくる「アンボイナ事件」である。この時、イギリス側に雇われていた日本人十一名が巻き込まれて虐殺されたという記録も残っている。

それから時代がずっと下がって、日本軍が進出してきて、水上偵察機の基地がつくられると、再び歴史の表舞台に出てきた。

いかにも南洋らしい風景と人懐っこい現地人の性格は、日本人の好みに合ったのか、アンボンは南太平洋の島々の代名詞のようになった。四三（昭和十八）年十二月に、人気歌手の藤山一郎が慰問に訪れたことがある。藤山がピアノを弾きながら唄ったのが『アンボン小唄』だった。当時、日本で流行っている歌だった。

国を出る時や　ま白き肌よ　今じゃ小麦かあかがねか　ここはアンボン南の島よ　椰子の葉風がそよそよと

敵の空襲しばしばあれど　なんの恐るることやある　ここはアンボン南のとりで　海のつわもの引きうけた

さて、白水は処刑前に『アンボン事件の真相』と題した文書を書き残している。書いた日付は四七（昭和二十二）年九月七日、処刑される十八日前で、宛て先は「旧第二十警備隊員御一同殿」となっている。自分が死ぬ前に部下たちに事実をきちんと伝えておこうと書いたとみられる。

それを読むと、警備隊が本来担当していた業務は、捕虜収容所の警備、捕虜への食料提供、労務作業の割り当て事務だけで、捕虜の取り調べや処分および処置は権限外だったとしている。つまり、事件の主体ではなかった、責任はなかったというのだ。

白水は事件の起きた背景についても詳しく記述している。特に司令官の一瀬中将が豪軍の聴取に「（殺害・処刑の）命令を出した覚えはない」と否定したことについて、こう書いている。

「司令部の方針は二十警に全責任を負わせることに決まっていたのであって、ただ我々に気づかれないようにするために我々を欺いておられたものと思うよりほかに考えようがない」

無責任極まる司令部の態度に余程腹が立ったのだろう。ある時、副長の宮崎凱夫大尉にそんなことをついこぼしたことがあった。すると宮崎はこう答えた。

「司令、豪軍の前でお互いに責任のなすりつけ合いをするような醜態を演ずるのは嫌だから、軍医長や主計長にも納得させて二十警で全責任をとりましょう」

その言葉にハッと我に返った白水は思わず、「でかした」と心の中で叫んだのだという。

実は、「アンボン島事件」にはキーパーソンと見られる人物がひとりいる。A海軍大尉である。オーストラリア人の捕虜体験者たちの書いた本には必ず出てくる名前で、戦犯裁判の記録の中にも出てくる。

A大尉は、四二（昭和十七）年六月に第二十警備隊の陸警科長としてアンボンに赴任してきたが、一連の捕虜虐待は、この男の着任直後から始まっている。

海軍兵学校出身のAは、四四（同十九）年五月に少佐に昇進し、翌四五（同二十）年二月二十八日付で敷設艦の艦長になった。同艦はインドネシア・ジャワ沖で敵潜水艦の攻撃を受けて損傷し、敗戦後すぐにイギリス軍に引き渡されたが、Aはその直後の九月十五日にジャワ島で自殺している。遺書は見つかっていないものの、時期から考えて、戦犯容疑者として身柄が拘束されそうになったのか、あるいはそれを怖れての死と考えるのが自然だろう。

前述の通り、事件当時の司令官だった山縣中将は敗戦五カ月前に自殺し、そしてA大尉も敗戦直後に自殺してしまった。このふたりを欠いたことが、アンボン島事件の真相と責任を不明確なものにしてしまい、そのために不要な多くの犠牲者を生んだといえる。

それに、これはアンボンに限った話ではないが、背景に戦争末期の深刻な食糧不足があったことは指摘しておきたい。特に南太平洋方面は、制空権も制海権も奪われ、本土からの補給が絶たれ、孤立していた。アンボンでは四四（昭和十九）年七月に大型補給船『西阿丸』（七千トン）が撃沈されて以降は本土からの食糧補給は完全に途絶え、米豪空軍による激しい空襲が繰り返される中、捕虜が食料を盗んで脱走する事件が多発した。日本軍と地元住民との関係が悪化したこともあって、不穏な状況に陥った。

そこで海軍は急きょ、「海軍特別警察隊」という制度をつくり、現地の治安にあたらせることにした。陸軍の憲兵隊のいわば海軍版である。アンボンに初代の特別警察隊長として赴任してきたのが、禾晴道という中尉だった。

日本大学出身の禾は片山とは予備学生の同期で、着任すると片山に会いに来て、旧交をあたためている。その禾も戦犯裁判で有罪となり、五五（昭和三十）年に巣鴨プリズンを出るまで服役した。

アンボンでの体験を『海軍特別警察隊　アンボン島BC級戦犯の手記』という本にしているが、その中でアンボンで何があったのかを記している。

禾の記述によると、「アンボン島事件」での捕虜の処刑はすべて司令部の先任参謀の指示によるもので、白水大佐以下はそれに従ったに過ぎなかったと断言している。

「捕虜のあつかいはあまりにひどすぎないか、という意見もわたしは聞いていた」とも書き、しかしそうした声を表に出せなかった理由を二つあげている。

一つは、捕虜の口から敗北しつつある日本軍の現状と大本営発表のウソが暴露され、日本軍の下級兵士の士気を低下させるおそれがあったこと。

もう一つは、捕虜を生かしておくことは、警戒に兵力を割いたり食糧の無駄に通じ、日本軍の戦闘のマイナスでしかないと考えたこと。

「現地の軍人感情としては、敵にのうのうと捕まって、条約通り捕虜としてあつかうことなどもってのほかだ、捕虜など人間のくずだ、生かしておくことが第一におかしい、こんな感情が強かった」

補給が断たれた絶望的な環境の中で、多くの将兵がそうした心理状況に陥り、それが結果として多くの捕虜の処刑や死亡につながったといえる。

オーシャン島の悲劇

片山の並外れた英語能力が知られるにつれ、戦犯仲間からも個人的に裁判関係の資料やペティションの翻訳を頼まれることが多くなった。読むと、どれもが痛ましい事件ばかりだった。

頼んできたひとりに海軍の鈴木直臣少佐がいた。同じ年齢だったのと、結婚後すぐに新妻と離れ離れになっている事情が似ており、互いに親近感を持った。鈴木はしきりと自分が処刑された後、若い妻がどう生きていくのかが心配だと言った。それは片山とて同じだった。

鈴木は「オーシャン島事件」の主犯とされていた。片山は、見るからに穏やかで常識もある男がどうしてそんな残虐な事件を起こしてしまったのか、できるだけ資料を正確に翻訳してあげようと取り組んだ。


「オーシャン島事件」はあまり知られていない。島そのものが日本では馴染みが薄いのと、事件の起きたのが敗戦後のことだったというのもある。

オーシャン島は赤道直下のナウル島の東海上に浮かび、現在はキリバス共和国に属している。周囲二十キロメートル、面積五・七キロ平方メートルと狭く、サンゴ礁に囲まれ、アホウドリのフンが化石化したリン鉱石の採掘だけで生きている島である。

イギリスの信託統治領だったこの島を日本軍が占領したのは四二（昭和十七）年八月。駆逐艦『夕暮』と『白露』から海軍陸戦隊が無血で上陸し、それ以後はナウル島に本部がある警備隊分遣隊の約五百名が防備にあたっていた。

島にはもともと千五百名ほどの住民が暮らしていたが、戦局が悪化したことから島民の安全を考えて、その多くを周辺の島々に分散し、最後に残ったのは男ばかり百六十名だった。

そして日本が敗戦した。

すると、どこからか、彼らは反乱を起こす気でいるみたいだ、危ないぞという話が伝わってきた。魚を採るために与えていた爆弾を使って襲撃してくるつもりらしいと、まことしやかな話になっていた。

第六十七警備隊オーシャン分遣隊の隊長が鈴木だった。八月二十日、鈴木は、島民の男たち全員を集めさせると、海岸の崖の上に連行。両手を後ろ手に縛ってしゃがませ、そこに一斉射撃を浴びせさせた。

男たちは雪崩を打って七メートル下の海に転落し、分遣隊は遺体を引き上げるとすぐに地中に埋めて処分した。目撃者は誰もいなかったから、事件はそれで封印できたはずだった。

しかし、奇跡的にひとりだけ生き残った男がいたのである。男は海から這い上がるとしばらく島内に潜んでいたが、四カ月後に発見され、その証言から事件が明るみに出た。鈴木はじめ関係者が一斉に逮捕され、ラバウルで戦犯裁判にかけられた。

鈴木は犯行を認め、法廷で次のように陳述した。

「終戦時、武装させていた島民が反抗したため、その全員を銃殺した。この事件は、部下の反対意見を採用せず、作戦命令として射殺を命じたもので、責任は私ひとりにある。実行を逡巡する者は、抗命罪をもって処断すると言った」

公判開始の翌日には鈴木ら将校四名に死刑判決が下された。命令を実行した兵隊たち全員が無罪になったのがせめてもの救いだった。

鈴木が処刑されたのは、四七（同二十二）年七月二日である。母親宛ての遺書には「余の不徳により多数の部下を犠牲にせしことは最後まで遺憾のことなり」と短く書いただけで、事件の具体的なことには触れていなかった。

部下の他の将校三名も順次処刑されていった。

戦争が終わったというのに、どうしてそんな凄惨な事件が起きてしまったのか。彼らの遺書を読むとオーシャン島の置かれていた尋常ではない状況が浮かんでくる。

元小学校教員だった三十七歳の坂本忠次郎中尉は、オーシャン島での困窮ぶりを次のように伝えている。

リン鉱石の島では一滴の水も出なかった。雨水をタンクに貯めて飲み水にしていたが、三カ月間も雨が降らない時期もあり、水不足に苦しんだ。食糧も同じで、船での補給がなくなってからは一層ひどくなり、米の飯が出るのは十日に一度ぐらいで、それも百粒ほどが汁に浮いたような食事だった。敵の空襲がしばしばあり、草を取って煮て食べたり、南瓜やサツマイモを栽培して生き延びていた。

敗戦が近づくにつれ食糧事情はさらに深刻化し、それにつれて島民が反抗的になった。排水用の鉄管を切断したり、せっかく収穫した南瓜やイモを盗んだり、日本兵を闇討ちしたりとさまざまな事件を起こした。こうした背景の延長線上に起きたのが島民の全員殺害という事件だった——と書いている。

中隊長だった四十五歳の山口健章大尉は、鈴木の判断に同調していた。

「島民は日本軍に反抗せんとしたものだ。かかるものを処刑するのは軍として当然のことだったのに、敗戦に伴う報復はついに戦争犯罪の名のもとにこの異国の地に散る。幸いにして約二百の部下兵隊は無事帰郷したのがせめてもの慰みだ」

「オーシャン島事件」が鈴木の命令で起きたことは間違いない。だが、食糧の補給が途絶え、孤島に捨て置かれた部隊を預かっていたのは、まだ二十代の若者だった。飢えとの闘い、島民との対立、そこに突然の敗戦の知らせである。日本兵と島民の双方が混乱と不安の渦に巻き込まれ、互いが疑心暗鬼になっているところに真偽の定かでない噂話が引き金になり、暴発したというのが事件の真相だったのではないだろうか。だとすれば、そこまで追い込んだ日本軍の責任はあまりに大きい。

五　絶望の島

過ぎ去りし夢

片山日出雄が死刑判決を受けてすでに三カ月が過ぎたが、豪軍からは何の音沙汰もなかった。通訳と翻訳、それに「光教会」の運営に英語教室も加わって忙しい日々が続いていた。こんな日常がこれからもずっと続くのかと錯覚しそうだった。

だが、周囲では相変わらず処刑が続いていて、現実は誤魔化しようがなかった。日記に「眠れぬ夜が続きました」と書き、不安な本心を明かしている。

「それにつけても我々を突き出したアンボン司令部の人々に対し解決の出来ないものがあります。人間的にあきらめ切れない悩みがあります」（五月二十四日）

「もはや、あきちゃんと地上の生活が出来ないことは人の子として表現出来ない悲痛苦痛があります。夢は破れました」（五月二十六日）

いくら信仰を支えに平静になろうと努めても、やはり胸の奥から悔しい思いがこみあげてくるのだろう。

「無実無根の罪で随分と死刑になっている人多く、大変気の毒です。我々の事件のように、わざわざ、日本側（アンボン海軍司令部）から告訴されているような形です。しかもその報告書を書いた司令部の高級士官は皆うまく逃げております。実に言語道断の行動でした。我々のように正直なものが陥れられた結果になりました」（五月三十一日）

死刑という、もはや動かし難い現実。しかもそれが軍上層部の裏切りによるものだという怒り。どうにもならないそうした理不尽さが片山を苦しめさせ続けたのである。

片山は一九（大正八）年十一月七日に生まれ、生後すぐに子どものいない遠縁の片山精三の養子になった。精三は広島市の中心地で「片山写真館」を営み、市内有数の写真スタジオとして人気があった。

子どもは出来ないものと諦めていた夫婦のたっての願いによる養子縁組だったが、不思議なもので、しばらくすると次々と実子が生まれ、夫婦は三人の男の子と女の子一人の四人の子宝に恵まれた。しかし日出雄のことが余程かわいかったのだろう、手放さずにそのまま長男として育てた。

市内の中島尋常小学校に通いだした頃には、利発でかわいらしい顔立ちの子どもとして近所でも評判になった。ちなみに、一八七三（明治六）年の開校で、その昔は寺子屋だったという小学校は、今の原爆ドームのある広島平和公園内にあった。被爆で全壊し、広島原爆病院近くに再建され、現在も存続している。

小学校を終えると近隣の秀才たちが集まる私立修道中学校へ進んだ。ここも古い学校で、一七二五（享保十）年に広島藩主がつくった藩校に源を発している。今の私立修道高校（中区南千田西町）である。

中学二年の時には広島教会でアメリカ人牧師ウィリアム・ヘレフォードから洗礼を受けている。受洗に至ったいきさつははっきりしないが、東京にイギリス人の叔母がいたので、その影響だったのかもしれない。

一九三七（昭和十二）年に志望していた東京外国語学校に入学すると、クリスチャンの子弟を受け入れていた救世軍村井寮に入った。自由ケ丘の教会に出入りするようになり、そこで出会ったのが同じクリスチャンのあきだった。

実家に負担をかけないようにと教会関係者の事務所を手伝いながら学業と伝道に励む片山に、周囲は大きな期待を寄せ、ゆくゆくは牧師にと願っていたようで、本人もそのつもりでいたらしい。それが、東京外語の英語部英語貿易科を四一（同十六）年に卒業すると、すぐに海軍の兵科予備学生に応募した。

満洲事変からすでに十年。泥沼状態の日中戦争から抜け出せず、国際連盟から脱退して以来、世界から孤立していた日本は、ＡＢＣＤラインと呼ばれた米英中蘭四カ国からの対日経済包囲網や、石油供給の多くを依存していたアメリカの禁輸制裁措置を受け、政治的にも経済的にも追い詰められていた。すでにヨーロッパではナチス・ドイツによる第二次世界大戦が始まっており、日本とアメリカは太平洋をはさんで一触即発の緊迫した状況にあった。片山もその時代の多くの青年と同様、未曽有の国難を座視できないと考えたひとりだった。熱い思いであえて軍人の道を選んだのだが、それがこれほどまでに自分の人生を変えてしまうことになるとは想像だにしていなかっただろう。

すでに書いたように、海軍将校になって最初に赴任した先がアンボン司令部だった。通信担当将校として一年八カ月を務め、四四（同十九）年九月に海軍軍令部付（暗号長）に異動となった。内地に帰ったことから翌四五（同二十）年三月にあきと結婚、新居を東京・目黒区緑が丘二五〇一番地に構えた。六月に大尉に昇進したが、二カ月後に敗戦を迎えたのである。

敗戦という苦難の時代ではあったが、片山個人としては、あきとの幸福な生活の絶頂期だった。そこに突然の出頭命令を受け、そして巣鴨からモロタイへ、今はラバウルの地に来て処刑の日を待つ身となっているのである。

予備学生に応募してからの五年間を振り返ると、何もかも思いがけないことの連続だったに違いない。しかし、それも間もなく終わろうとしていた。

「眠れぬ夜」と日記に書いた二日後の夜、片山は夢を見たという。

「来年の七月に内地に帰れるという予言を聞きました。ほんとにそうだと有り難いのですが」（五月二十九日）

夢の詳しい内容は書かれていない。願望が夢になって現れたのだろうが、夢は所詮夢である。覚悟はできているつもりでも、それでもまだ何かに縋りつきたい思いが残っているということだろうか。

でも、現《うつつ》の世界に目を戻すと、片山が立ち上げた「光教会」の方は思っていた以上にうまく進んでいた。参加者がどんどん増え、洗礼を受ける兵隊が続き、教会は間違いなく、片山を支える大きな使命になっていた。

酒井隆が受洗を申し出てきたのは、六月二十六日だった。これまでにも集会に顔を出していた陸軍伍長の酒井は、この日豪軍から死刑執行の「確認」を受け、受洗を決意したのである。あわただしい形だけの洗礼式だったが、酒井の顔は喜びに満ちていた。

洗礼式が終わると、酒井はただちに「白亜牢」に移された。ここは執行前に入れられる白いコンクリート造りの独房で、この世の最後の一夜を過ごす場所だった。

もともとドイツ時代に造られた凶悪犯を収容する建物だけに、厚さ三十センチもある頑丈なコンクリートの壁に白いペンキが塗られ、五室の独房が横に並んでいた。各房の鉄製ドアには前時代的な巨大な鉄錠がかけられ、部屋には鉄格子の小窓が一つあるだけだった。いったんここに入ると、面会はもちろん、死刑囚同士の会話もいっさい禁じられた。

翌二十七日朝、酒井の独房に豪軍の従軍牧師が入ってきた。前日に洗礼を受けたことからの特別な配慮だった。オーストラリア人牧師は酒井に最期の祈りをした。片山は同席を許され、牧師の英語の祈りを区切りながら訳して伝えると、酒井は心底嬉しそうな顔をして、時折り笑みさえ浮かべて聞いていた。

七時四十分に到着したジープが、刑場に向かって発車した直後のことである。それまで晴れ渡っていた空が一転黒い雲に覆われ、雷鳴が響いたかと思うと大雨になった。あまりの光景に片山は息を飲んだ。

「私がラバウルに来てはじめて経験した大雨で、収容所が一面、水が溢れる程でした。イエスが天に召される時のことを想起しました」（六月二十七日）

酒井が死刑にされたのも、インド兵への虐待容疑だった。酒井は遺稿にこう書いている。

「私らの中には実際にやられた方の名が告訴されず、告発人の名前のうろ覚えによって訴えられ無実でありながら処刑される方や、命令された方が内地帰還されたため、下士官兵の身で責任を問われ極刑になられるお気の毒な方がおいでですが、これも豪州は戦犯者の員数を揃えようとしているのだ。日本人の誰かが犠牲にならなければならないのだ。私は員数で処刑されるのだ、とお考えになってご覧なさい。すると不思議に気は軽くなり、口笛でも吹いて死のうという気になりますから」

酒井と同じ日に処刑された陸軍衛生伍長の田島盛司も、片山に導かれて洗礼を受けた兵隊だった。かけられた嫌疑は中国人捕虜に対する殺人だが、兄弟への手紙に自分は身代わりになったのだと書いていた。

「事実を語れば救われるでしょうが、十八名の罪人が出るのです。そして十一名が死刑、七名の者が有罪になることは明らかです。私が犠牲になれば十八名の者が救われるのです。そしてまた彼らの家族のことを考えてみればとても真実は語れませんでした」

三十一歳の田島には妻とまだ顔を見たことのない幼いひとり息子がいた。なのにどうしてあえて身代わりになったのか。田島は三つの理由をあげていた。

第一は、友情を失いたくなかったからで、自分が助かるために生死をともにしてきた仲間を売ることはできなかった。

二つ目は、敗戦時に自分がマラリアに罹患して八日間生死の境を彷徨《さまよ》ったことがあった。一度は死んだはずの自分がこうして生かされてきたのには、何か意味があるはずだと考えた。

三つ目はクリスチャンになり、「神の道を知った時、人のためにこの身を散らすことを楽しく思うようになりました」とあった。

家族との生きる道をとるのか、戦友を助けるのか、深い苦悩があったことだろう。それが、洗礼を受けたことで自分の「死」に意味を見つけたということだろうか。

「私たちの事件に関係している者があまりにも自己的な者ばかりであるということについて考える時、なお一層散って甲斐ある現在のこの身であることを知った時に楽しさが起こりました」

そう書いていた田島だが、残す妻子の行く末が気がかりでなかったはずはない。

その想いを絶筆でこう詠っていた。

顔見ずに我は此の世を去りぬれどすなおに育て不運なる子
月みれば何時か目がうるみくる遠くはなれし妻子のこと

七月に入ると、雑音交じりのラジオは、遠い祖国のあわただしい動きを伝えてきた。東條英機元首相ら戦争指導者に対する極東国際軍事裁判（東京裁判）が開廷して、日本がどう裁かれるのかに世界の目が注がれる一方で、新国家建設に向けた新憲法論議が伝わり、戦犯たちの大きな関心事になった。ただ、電波で流れてくる情報だけでは、象徴天皇制の意味するところや、戦争放棄の条項が盛り込まれると聞いても理解できる者はいなかった。

世の中のことでは、食糧不足がますます深刻になり、東京では「米よこせ」のデモ行進があったというニュースが流れると、誰もが祖国に残した家族の困窮した暮らしぶりを頭に浮かべ、暗い気持ちになった。

ちょうどその頃、ラバウルでは処刑が一時途絶えていた。新国家建設への動きから、これで講和が進めば、ひょっとして戦犯問題も……と、誰も口にはしなかったが淡い期待を抱かせた。そんな矢先の七月十七日、五名が一斉に処刑され、十九日に二名が続き、楽観気分はいっぺんに吹き飛んだ。

処刑者の中に、片山の導きで洗礼を受けた陸軍軍曹の岸良作も入っていた。特に親しくしていた男だっただけに片山の衝撃は大きかった。

田島が他の兵隊たちの身代わりの死を選んだとすれば、岸は最後まで理不尽な死に抵抗して戦い抜いた男だったと言っていい。

岸が罪とされた事件もインド兵に関するもので、野戦第二十六自動車廠の移動修理班で自動車部品の管理責任者だった時、十数名のインド兵を使っていた。その中の一名の死が殴打による虐待死とされたのである。実際は悪性のマラリアによる病死で、診察した日本軍軍医が法廷でいくらそう証言しても豪軍は聞く耳を持たなかった。

納得できない岸は、絞首刑の判決後も無実を主張し続け、もちろんペティションにも冤罪だと書いて提出したが一蹴された。そしてついに処刑の日がやって来てしまった。

収容所の所長室で死刑の「確認」を告げられた岸は、その場で所長のアプソン少佐に抗議し、無実の人間の話をもう一度聞け、聞きもせずに処刑するつもりかと声を荒げた。

岸の身柄が「白亜牢」に移されてすぐ、豪軍の検事が通訳と一緒に独房に入ってきた。アプソン所長も同行し、一応話は聞いてやるという姿勢を見せた。

岸はどうして自分が冤罪なのかという理由を一から説明した。区切りながら通訳されていく話を、検事は立ったまま黙って無表情で聞いていた。長い時間をかけ、岸がひと通り話し終えると、検事はやっと顔を上げ、やれやれという露骨な表情でこう言った。

「わかった。で、そうだとして、君に代わるべき人間はいるのかね？」

あ然として言葉が出ない岸を尻目に、検事たちはこれで義務は果たしたといわんばかりにさっさと出ていってしまった。


無念な思いを抱いたままに逝った岸は二通の遺書を残していた。自分の出身地の村長宛てと、死刑囚棟の仲間宛てである。村長にはこう書いていた。

「今、祖国の新聞にあるごとき悪人でないことだけは何卒信じて下さい。いずれの日かこの真相は世の人々に知れることと信じ笑って冤罪に服していきます。国民学校、私には思い出も懐かしい母校の姿を今まぶたに浮かべております。児童の諸君によろしくお伝えの程を」

死を前に目に浮かぶのは、幼い頃の故郷での楽しかった日々と懐かしい風景だったのだろう。そして戦犯仲間への遺書には、「私としましては、与えられしことに対し最善の努力をしてきたつもりでいます。いつの日か必ず真相が世の人々に知れることを確信しています」

とあって、こんな辞世が添えてあった。

永遠にたたるる事なき生命をばうくる感喜の身にあふれて　白壁の窓に眺むる大空にちぎれし白雲の北に流るるを

岸は「鉄柵の祈り」と題し、死刑囚の心情を綴った歌詞も残していた。片山は手帳に小さな字でその全文を書き写した。

鉄柵の祈り

一．祖国を後にし　黒潮越えて　南の涯のラバウルに　世紀の戦の防人として　銃爆撃に明け暮らす

二．山を眺めりゃ故郷の山に　月を眺めりゃ母妹弟　酷暑に堪えたこの腕　顔をさすりて答う明日も又

三．戦火は止みて平和の風は　椰子の葉にさへささやくに　我囚はれぬ戦犯者として思は躯くる同胞へ

四．騒雨に明けて騒雨に暮れて　朧な光を投げる灯に　集ひし祈りは我同胞よ　八重の桜を散らすなよ

五．吾が身は皇国に久遠の平和　きづかむ為に骨埋む　泣いて呉れるな　泣きたい時は月を見て呉れ吾が笑顔

六．北と南に国異れど　人の情はかわらねば　母よ妹弟よ　便りはせねど　愛と道義でむくひてよ

兵隊になる前は工員をしていたという岸は、片山から処刑の日はキリストが磔にされたのと同じ金曜日だと教えられると、「最上の幸福であることを確信いたしております」と言って絞首台に上がっていった。

処刑は十九日午前八時三十分、岸もまた片山と同じ二十九歳だった。

将軍の責任

七月二十七日の早朝、まだ寝ていた片山は豪軍兵に揺すり起こされた。すぐに事務所に来てくれというのだ。急いで服を着替えて走っていくと、事務所前で豪軍准尉が遅いとばかりに待ち構えていて、聞き取れないような早口の英語でまくしたてた。

今村大将が自決を図った、遺書があったので至急に翻訳せよということだった。ちょうどその時、担架に乗せられた今村が事務所から救急車に乗せられるところで、片山が声をかけると、今村は薄っすらと目を開け、返事はなかったが意識はあるようだった。発見が早くて一命をとりとめたのである。

今村は二日後に退院した。しかし再び自決しないようにと「白亜牢」の独房に隔離された。日本軍の最高指揮官を自殺させてしまったとなれば、現地軍の責任問題にもなりかねない。監視兵を付けて見張ったのである。

八月一日から今村の聴取が開始され、片山は通訳を命じられた。まだ首筋に包帯が残る今村はやつれ切っていて痛々しかったが、豪軍将校の聴取にとつとつと答えた。

片山は、今村の言葉を努めて丁寧に英語に替えていった。言葉の端々に死に切れなかった悔しい思いが伝わってきた。

片山が通訳した今村の供述内容は、概ね次のような内容だった。

南太平洋方面の日本軍最高指揮官として自分には敗戦に至った重大な責任がある。本来なら敗戦と同時に自決すべきだったのだが、この方面には陸海軍十万将兵が残っており、その無事帰還を果たしてからにすべきだと考えた。思いのほかに復員が早く終わったものの戦犯として五百人が収容されており、一人でも多くを救い、力になってやる責任があると思い、自ら進んで収容所に入った。

そんな折り、この方面の海軍司令長官だった草鹿任一中将が、ラバウルからメルボルン経由でシンガポールに身柄を移された。自分も同じように、いずれどこか別の収容所に移送されるかもしれないと思うようになり、多くの部下将兵が眠るこの地を自身の死に場所とかねてから決めていたので、移送が決まる前に死のうと決意した。
使った劇薬は万が一に備えて、戦争が始まる前の中国・広東の第二十三軍司令官時代から秘かに持ち続けてきたものである。二十六日夜十一時過ぎに致死量の二倍とされる毒薬を飲み、念のためカミソリで頸動脈を切ったのだが、不覚にも失敗してしまった。毒薬が長い年月経って効果が薄れていたせいかもしれない。
今でも、責任を取るという自分の信念は変わっていない。ただ、豪軍に再び迷惑をかけるわけにはいかないと思っているので、もう自決はしないから安心してほしい。

片山は「今村大将のこの度の自決の精神を、出来る限り豪州の人々に理解させることは、私に与えられた大きな仕事でした。そのため最大の努力を傾けました」と日記に書いている通り、懸命にそう努力して通訳していったが、やはりなかなか真意が通じなかったらしい。アプソン所長は、片山の通訳を聞きながらしきりと首を傾げていた。戦争は終わったんだ、今村が将軍の務めを十分に果たしてきたことは誰よりも自分がよく知っている、それがどうして自殺しなければならないのか。その顔はそう言っていた。

この今村の自殺未遂に関しては、ラバウル方面の第三十八師団で参謀を務め、自身も戦犯に問われた松浦義教が『ラバウル戦犯弁護人』という自著の中でも触れている。

自決の二日前のこと、松浦が今村に呼ばれて部屋に行くと、「薬を手に入れてもらいたいのだ」と頼まれたのだという。大将のことだから、いずれ自決する気ではないかと内心思っていた松浦は、できれば望みをかなえさせてあげたいと思って弁護団医務室の薬剤将校に青酸カリを用意できないかと相談した。しかし、毒薬類はすべて豪軍に押収されていて手に入らないと言われ、今村にそう伝えると残念そうな顔をしたという。

そして二十七日の朝、今村が自決を図ったことを知った。服用したのは青酸カリと硝酸ストリキニーネなど三種類の毒物で、嘔吐してしまったのと、薬効が薄れていたこともあって助かったのだろうと書いている。また、頸動脈を切るのに使ったのはカミソリではなく小刀で、今村が鍛工兵に頼んで自動車修理用の鋸で作ってもらっていたものらしく、いずれにせよ、今村は相当以前から自決の準備をしていたという。

今村は何通かの遺書を残していた。

「小生は祖国を今日のありさまに導きし敗戦の最大の責任者として、終戦の際自決して君国に謝罪すべきところ、十万部下の帰還などの処理のため、この機を延引し、今日といえどもなお光部隊の将兵及び台兵諸子のため、つくすべき責務の残されたものありこれ候えども、突然に他方面に運ばるる公算多きに至り、ついに当方面に眠る幾万英霊と会する機を失うところ多分なるにより、各位に対し申し訳これなきも今日決行し候。

各位はこのうえ共に忍辱修練を重ね、祖国復興参加の日を、台兵諸君は台湾振興就業の日を待たれたく、くれぐれも団結と統制とを保ち、健全な生存を確保せられんことを切望の至りに候。世を異に致し候も幽冥の界より常に諸子を護らんことをお誓い申し上げ候」

書かれていた自殺の動機は豪軍への供述と一致している。宛て先は「光部隊将兵御中　台兵各位御中」となっていた。ここにある「台兵」とは、台湾出身の兵隊たちのことである。日本兵として戦い、それゆえ戦犯になった彼らに今村は深く同情し、すまないという思いを持っていた。

晩年の今村均大将

そして長い遺書は次のように結ばれていた。

「光部隊将兵の裁判も残り少しとは存じ候えども、未だ終了せず。また弾薬処理作業等のため、幾分諸士の帰還もおくれるべしとのことを承り、何とも気の毒に候えども、そんなにながくもかかるまじく、是非、是非ご健康にご留意の上、復興に参加し、祖国の再建にご尽力、これこそ切に願い上候」

今村は、回復すると元の生活に戻り、以後は豪軍に約束した通り、再び自決を図ることはなく、禁固十年の刑期を務めあげた。

一九五四（昭和二十九）年に釈放され、東京の自宅に戻ると、庭にバラックのような三畳一間だけの小屋を建てた。今村は八十二歳で亡くなるその日まで、この部屋にこもるようにして暮らし、戦死させた多くの部下や無念な死を遂げた戦犯処刑者たちを弔い続けた。

ちなみに、今村が小屋を三畳一間にしたのは、法的な責任は済んでいても自分には道義的責任が終生残っていると考え、自分への〝独房〟と見なしたのである。

小屋は現在、山梨県韮崎市の小高い丘の上で保存されている。ラバウルで大将の部下だった元陸軍中尉の中込藤雄が今村の没後に小屋が取り壊されるという話を聞き、ぜひにと頼んで韮崎の自宅の敷地内に移設したのである。

大将の遺品や戦犯関係の資料などを集めた資料室もつくり、神主の資格までとって今村の遺志を引き継ぐかのように戦死者や戦犯者の慰霊を続けていた中込亡き後は、娘さんご夫婦が大切に保存されている。

君に捧ぐ歌

今村の自決騒ぎの余波にまだ揺れていた八月一日の朝、七名が同時に処刑された。

今村均が晩年暮らした三畳間の小屋（山梨県韮崎市で保存）

「白亜牢」の独房は五室だから同時処刑は最多でも五名だと思っていただけに、予想外の大量処刑にみんな驚き、そこにオーストラリア軍の何かあせりのようなものを感じさせた。

七名のうち陸軍が六名で、一名は海軍だった。佐官級が二名、尉官級二名、あとの三名は下士官で、尉官の中に片山と仲の良かった陸軍の福原昌造中尉がいた。慶応義塾大学出身の福原とは、祖国に残す互いの妻や恋人のあれこれを話すような仲だった。

「心中を想うとき、人生悲劇のこれに過ぐるものはないと思われます。私もこのラバウルで死ぬる前、一日だけでもあきちゃんに会って、お話したい気持ちで一杯です。しかしながらそれ

も出来ないことです」（八月一日）

福原が問われたのもインド兵に関する事件で、インド人労務隊の小隊長だった四四（昭和十九）年十一月に食料を盗んだ二名を殴打のうえ裏山に連行し銃殺したとされ、絞首刑の判決を受けたのである。

福原は広島に住む恋人が原爆で死んだのではないかとずっと心配していた。いくら手紙を出しても返事が来ないんだよと悲しそうに言っていた。敗戦後すぐに広島と呉に行ったことがある片山は、その時に見た現地の状況を話し、爆心地周辺以外は大丈夫だったから心配するなと話してやると少し安心した表情になった。

福原は処刑は覚悟していたが、恋人の安否がわからないまま死んでいくことが一番の心残りのようだった。だが、ついにその日が来てしまった。

ところが、「確認」が告げられ「白亜牢」に移された直後、なんとその恋人からのハガキが収容所に届いたのである。ただ、いったん「白亜牢」に入ってしまうと外部との接触はいっさい禁じられている。運よく当番の看守兵が日本人に好意的なニューギニア人だったので、このハガキを福原に渡してほしいと頼むと、引き受けてくれた。

処刑前夜の暗く狭い独房の中で、福原は待ち焦がれていた恋人からの最初で最後の便りをどんな思いで読んだのだろうか。眠れぬことだったろう。

一夜が明けると、福原からの返事が片山らの元に届けられた。それは徹夜で書いた「君に捧ぐ歌」という詩で、これをどうか祖国の恋人に届けてほしいと添え書きがあった。

親友で、同じ陸軍の弘中照磨中尉はそれをひったくるように一読するや、「白亜牢」に走った。

鉄条網越しに大声で「福原！」と叫んだ。そして独房の鉄格子に向かって突然、『十九の春』を唄いだした。

三三（昭和八）年に公開され、大ヒットした松竹映画の主題歌である。弘中はその歌詞を福原の「君に捧ぐ歌」に替えて声を張りあげて唄ったのである。

君に捧ぐ歌

一　学びの庭に君を知り　瀬戸の渚に影うつし　ペンのかざしも輝かに　語りし想い青《は》春《る》の夢

二　召されし世紀のみ戦に　出て征つこの身を駅頭に　歌いしうたは餞別《はなむけ》の　愛しき君が晴れ姿

三　祖国の護り防人の　任務果せしその夜には　君安かれと念じつつ　夜空に祈る南《み》十《な》字《み》星《ぼし》

四　戦火はすでに収まれど　吾甏《たお》れたり戦犯《めしうど》に　胸に描くは誰が影ぞ　雲井に呼ばん君が名を

唄い終えた弘中は、怒鳴るように叫んだ。

「福原！　聞こえたか！」

「おう、聞こえたぞ！　ありがとう！」

「元気で行け！　俺も後から行くぞ！」

刑場への迎えのジープが到着したのは、その直後だった。

福原は午前八時三十分、処刑された。

歌には彼女宛ての手紙も添えられていた。長文だが、引用したい。


「いよいよお別れだね。僕は君に最後に聞いてもらいたいことがあるのだ。実は君が好きだった。しかし今宵限りすべて忘れるのだ。そうすることがお互いの幸福だ。最初にしておそらく最後の接吻、そして君の熱き言の葉、これで十分なのだ。それよりか君の歌を唄ってくれ。あの浜辺で聴いた『セレナーデ』を。

あの月が落ち、夜が明ければ俺は天国に召されるのだ。そこは何の束縛もない自由の天地だ。許してくれ。俺は君と逢う日を天国で待っている。そうだ、君が便りに秘めて贈りし人

形を胸に抱いて。また逢う日まで、また逢う日まで。
泣きたいなら泣け。泣け。心行くまで泣け。そして泣き終わったら僕の最後の願いを静かに黙って聴いてくれ。ほかでもない、他に嫁いでくれ。臨終の際に君の便りを受け取り、僕の胸は一瞬歓喜にどよめいた。しかしその瞬間、その葉書の上にはクッキリと月明かりに鉄柵が写っていたのに気が付いた。その時の俺の心情を察してくれ。長い年月を今日までこの不甲斐ない自分を愛してくれたことに対し衷心より感謝する。
僕は君の感傷を恐れている。乙女のままそっと別れてきたことを微笑んでいる。溌剌と強く正しく生きて行くことを切望している」

歌の冒頭に「学びの庭に君を知り」とあるから、ふたりは学生時代に知り合ったのだろう。彼女はまだセーラー服を着た女学生だったかもしれない。手紙にはシャンソンの名曲、『望みなきセレナーデ』を聴いたとある。

〽毎夜、窓辺に優しい歌声を聴く　毎夜、ひとりの恋人が私の心を揺さぶろうと私のもとにやってくる……

彼女が唄った甘くやるせないシャンソンは、忘れがたい思い出として福原の耳の底に残っていたに違いない。

暗い独房の中で彼女からのハガキを何度も何度も繰り返し読み、楽しかった日を思い出していたことだろう。だが、はっと我に返ると、自分の死があと数時間後に迫っていることに思い到った。そしてひとり涙を流したに違いない。

手紙の続きはこう書かれていた。

「悠久なる自然の力、生者必滅は世の習いである。何をか歎く、何をか喜ぶ人の世。これを称して浮世という。心に銘じて最期の願いをきいてくれ。『結婚すること』これが君の歩むべき残された唯一の道なのだ」

福原の歌と手紙は帰還した戦犯仲間の手によって祖国に無事持ち帰えられ、恋人に届けられたという。

たった一度のキスを交わしただけの清純な愛を貫いた福原。その切ない想いを知った彼女が、その後どのような人生を送ったのかは知る由もない。ただ言えることは、逝く者も哀しかっただろうが、清冽な愛の歌と手紙を抱えてその後の長い人生を生きてゆかねばならなかった者もまた、悲しくつらかっただろうということである。

福原の処刑から十二日後、弘中中尉も絞首された。食料を盗んだインドネシア人とインド人計二十二名を殺害した事件に関わったとされた弘中は、豪州政府と裁判官宛てに次のようにはじまる抗議文を出していた。

「(オーストラリア政府確認当局宛て)今次ノ戦争ハ一ニ日本ノ責任トナス連合国側ノ見解ハ誤

レリ。闘争ハ必ズ因アリテ生ズ。其ノ責ハ両者ニ在リ。一方ヲ善トナシ一方ヲ悪トナス能ハズ」

片山が、その翻訳を命じられたのは、処刑後のことだった。広島高等師範学校（現在の広島大学）国文科出身で、出征前は国漢の教師をしていたという弘中の抗議文は稀に見る名文で、格調高い原文のニュアンスをどう英訳するのかに苦労したと、片山は日記に書いている。

二十九歳の覚悟

敗戦から一年が過ぎると日本国内は復興へと大きく歩みだした。七十五年間は草木一本生えないといわれていた広島と長崎の街に、南瓜やナスが青々と育ったという報道に多くの国民は励まされる思いだった。その広島では、片山が通った学校を含め、原爆で全焼・全壊した広島市内の十五の国民学校（小学校）も順次、校舎が再建され、校庭に子どもたちの元気な声が戻ってきた。

庶民の唯一の娯楽だった映画館が建ち、喫茶店やダンスホールも現われた。八月五日には、「平和復興市民大会」が開かれた。全市民が一分間の黙とうを捧げた後、「原爆沙漠　郷土の復興に全力をささげる」という決議文が採択され、新都市建設に向けた決意が披瀝された。十四日は吉田茂首相がラジオのマイクの前に立ち、午後七時半から十五分間、「八月十五日は再建日本出発の日」と力強く演説、国家再建への決意を語ってみせた。

とはいえ、灰燼に帰してしまった街の復興は容易ではない。国民の暮らしは困窮の真っただ中にあった。みんな生きていくのがやっとの日々が続いていた。主食の米やみそなどのヤミ取引や横流しが横行し、全国一斉の摘発が行われた。警視庁は東京の新橋、上野、渋谷方面の露店バラックを撤去する方針を通告し、悪質な露店の取り締まりに乗り出した。食料品や日用品が不足し、物ならどんな物でも売れ、定価はあってなきがごとくで、ヤミ価格ははね上がる一方だった。

そんな世情を作家永井荷風は『断腸亭日乗』の中で、「闇市取払となり八百屋にも野菜少し」と、闇市が摘発されたことでかえってみんなが困っていると嘆いた。心やすくしている氷屋に立ち寄り、庭で作ったナスやキュウリを分けてもらったと、細々とした暮らしぶりをつづった。

中でも悲惨だったのが子どもたちだった。大都市を中心に両親を失った戦災孤児たちが街のそこかしこにあふれ、厚生省（現在の厚生労働省）は「全国で四千人、帝都（東京）では三百人」と予測数字を発表したが、そんな少ないはずはなく、二年後の実態調査では、その数は十二万三千五百五人とケタはずれに激増していた。

内訳を見ると、戦災で親を失った子が二万八千二百四十八人、外地から引き揚げの際に家族とはぐれた子が一万千三百五十一人。これはまだ理解できるが、戦後の混乱で迷子になった子が八万千二百六十六人、捨て子が二千六百四十人いたというから驚きである。この数字は、敗戦後の暮らしと混乱がいかにすさまじいものだったかを何よりも雄弁に物語っていよう。

それでも子どもたちは必死に生きようとしていた。焼け残った空き家にもぐり込み、あるいは駅の地下道で肩を寄せ合って暮らし、残飯を漁ったり食料を盗んで飢えをしのいだ。それを警察官や行政の職員がまるで野良犬同然に追い回し、捕まえてはトラックの荷台に放り込んで施設に送っていった。

胸の痛くなるようなそんな状況が続く中で、国民を安堵させたことといえば、外地からの復員が思っていた以上に順調に進んだことだろうか。八月一日に復員船『氷川丸』が神奈川県の浦賀港に入港し、これが第一期復員計画の最終便となった。敗戦から一年で多くの将兵が祖国への帰還を果たすことができたのである。一家の大黒柱の帰国は家族にどれほど大きな安心と喜びを与えたことだっただろうか。

そんな中、引き取り手のない遺骨が新たな問題として浮上した。家族が散り散りになってしまい所在がわからなかったり、原爆や空襲で一家が全滅したりしていて、やっと祖国に戻った遺骨が宙に浮いてしまったのである。この時点ですでに七千柱と記録にある。

また北のシベリアでは、ソ連軍によって抑留された膨大な数の将兵が死と背中合わせの言語を絶する生活を強いられていた。それは、いつ帰れるか希望のない、凍てつく大地のもとでの地獄の日々だった。

一方で、連合国の各国軍は敗戦責任を問う戦犯裁判を加速させていった。この年の八月だけでも、オランダ軍がバダビアで、イギリス軍はジョホールとペナンの二カ所で、中国軍（国民党軍）は済南でと、新たに軍事法廷を開廷し、また処刑を本格化させていた。八月一カ月間だけで刑死者は四十八名を数えたが、このうち十八名がラバウルだった。

ラバウル戦犯収容所の一日は、午前五時三十分の起床で始まった。

六時に朝礼。全員が屋外に整列すると北の空に向かって一礼し、祖国の復興と家族の無事を祈った。六時半に点呼。豪軍兵に名前を呼ばれると、姿勢を正して「ヒャサー」「ヒャサー」と大声で答えさせられた。

朝食を済ませ、八時から作業である。主に施設の増築や新築工事だが、穴掘り作業もある。これは処刑者を埋葬する穴だった。こうした労役作業は夕方まで続いた。

五時十五分に再び点呼。豪兵が吹くラッパでオーストラリア国旗が降ろされると、それで一日の日課が終わった。

夕食後から消灯の九時までが自由時間だった。談笑したり、将棋などを楽しむ者が多かったが、片山は、特別の用事がなければ、医務室を教会代わりにしてクリスチャンたちを集め、聖書を読んだり、讃美歌を唄って過ごした。

そうやって一日が一見穏やかに過ぎていく。しかし、そこにいつ「死」が飛び込んでくるのかわからないのがラバウルという場所だった。


片山は八月十一日の日記に後藤大作という男と知り合い、親しくなったと書いている。海軍主計大尉の後藤も銃殺刑の判決を受けているが、そんなことを微塵も感じさせない快活で豪快な人物だった。

早稲田大学時代はボクシング部の主将をしていたのだという。片山も東京外語時代には柔道部主将を務めていたので、そこはスポーツマン同士、気が合ったのかもしれない。二日後にもまた会って長い時間、学生時代の思い出や互いの兄弟の話をした。

その後藤に十六日、「確認」が来た。

翌朝、片山は起きるなり「白亜牢」に走った。金網越しに別れの言葉をかけると、後藤は「ラバウル湾の静かな海のごとし」と心境を短く書いた紙片を渡した。


後藤が死刑となったのは、パプア・ニューギニアのペタツ島で四五（昭和二十）年三月に起きた現地人三名の射殺事件と、同年六月のブーゲンビル島での現地人女性三名の殺害など計四件の事件に関してである。自分は関与していないと強く否定したが、主張は通らなかった。

後藤は遺品として、軍服上衣と頭髪、爪、それに絵のうまい同僚にシャツの背中に描いてもらった自分の似顔絵を戦友に託し、両親宛ての遺書を添えた。

「私は私の行った行為の正当であり、また合法であったことを確信しております。堂々と死んで行きます。私は何も思い残すことはありません。私の一生は、ご両親様の懐の中で、何らの心配もなく、気ままに育てられ、世の暴風雨を知らず、春とともに散ってゆく草花のようなものでありました。全く春の花園の生活でありました。世界一の幸運児でありました。私の心はすみずみまで日本晴のように晴れ渡っております」

死を前にしたこの言葉にウソはないだろう。誇張もない。まるで新たな人生の晴れ舞台にでも上がっていくかのような堂々たる境涯である。

戦犯の仲間たちにも言葉を残した。

「いよいよ来るべき日が参りました。内地ではちょうどお盆の最中ですから都合がいい訳です。停戦後丸一周年に辞世できるのも、軍人として何か特別に与えられた幸福のような気がします。いろいろとありがとう存じました。さようなら」

片山とは知り合ってまだ一週間もたっていなかった。同じ二十九歳だったことから、「そういえば幕末の思想家、吉田松陰が処刑されたのも確か二十九歳だったよなあ」という話になり、その時に後藤は「二十九歳って厄年かなあ」と笑っていたのが思い返された。

後藤の処刑は、片山自身の死を強く意識させた。自分の処刑も近いことだろう。そう考えるとじっとしておれず、すぐに身辺整理を行った。

とりあえず私有品はすべて戦友に預けた。処刑の際の服装も決めた。正式軍装でない方がいいだろう。ラバウルらしく夏の軽装にしよう。白い防暑帽を被り、半袖シャツの防暑服に半ズボン、膝の部分に白線の入った靴下を履く。純白の上衣は銃弾によって真紅に染まることだろう。

「昨夜は身の回り品の整理をしました。ズボン、シャツ、靴などを友人にやりました。私もきっと（後藤大尉のような）あの落ち着いた静かな気持ちで死ねると思います。真剣に処刑の日を考えております。そして魂の準備の出来たことを喜んでおります」（八月十七日）

海軍大尉片山日出雄は、すでに死への準備を整えた。

六　虐待と裏切り

こっくりさんとタバコ

ラバウルの収容所では、処刑が進む一方で、未決のままいつまでたっても裁判の始まらない兵隊も多く、彼らは彼らでまた不安な状況に置かれていた。

四六（昭和二十一）年八月十五日時点で死刑囚棟には四十二名いたが、八月末には二十四名に減った。それが未決囚棟では百七十名が裁判を待ったまま、放置された状態だった。

それと、有期刑棟では、病死する者が少なくなかった。戦時中の栄養失調から回復できていなかったりマラリアの後遺症に苦しんでいる者が多く、豪軍から適切な手当てを受けられずに命を落としていったのである。

未決の者も有期刑の者も、祖国に本当に帰れる日が来るのか、それはいったいいつのことなのか、先行きが見えないという点では不安は同じだった。

収容所内で「こっくりさん」が広まったのもそんな状況を反映してのことなのだろう。

誰が始めたのかわからないが、ある日を境にまるで麻疹のように各棟で流行っていった。

「こっくりさん」は中世ヨーロッパで始まった「テーブル・ターニング」という占いの一種である。日本では明治中期に伊豆の下田に漂着した米国船の船員が持ち込み、地元住民の間に広まったといわれている。狐の霊を呼び出すという意味から「狐狗狸さん」という字があてられたりした。

現在でも何かのきっかけで、若い人たちに流行することがある。やり方はさまざまあって、一般的には「はい」「いいえ」とか、0から9の数字、あるいは五十音などを書いた紙をテーブルに置く。その紙の上に硬貨を乗せ、人差し指を添えて「こっくりさん、こっくりさん、おいでください」と呼びかけると、硬貨が動きだし、どこで硬貨が止まるのかで占うのである。

それにしても分別盛りの男たちがそんな他愛ない占いを信じていたとは思えないが、でも案外真剣だったのかもしれない。祖国の家族を思い浮かべながら、「こっくりさん、こっくりさん」と言って、「帰れる」「帰れない」と占っている姿を想像すると、おかしいと言えばおかしいが、でもどこか笑えず、もの悲しい思いにさせられる。

ラジオが伝えてくる祖国の状況は、国民たちが貧しく乏しい暮らしにひたすら耐えて生きている様子が多かった。空襲で焼け野原になった土地にバラックが建って闇市が横行しているとか、親を失ったりはぐれた浮浪児たちを収容する施設ができたとか、あるいは「パンパン」と呼ばれる米兵相手の夜の女たちの信じがたい行状といった暗い話がこれでもかこれでもかと流れてきて、ある者は憤り、ある者はため息をついて聞いていた。

そしてみんな最後に思うのはそれぞれの家族のことだった。果たして無事に暮らせているのだろうか。ある意味では生活が守られている自分たちと違って、食べていくことさえままならない妻や子どもたちのことを思うと、矢も楯もたまらなかった。出征以来、家族から一通の便りも届いていない兵隊は少なくなく、一刻も早く帰ってやりたい、そんな思いが、「こっくりさん」を流行らせたのかもしれない。

実際に戦犯家族はどんな暮らしぶりだったのだろうか。それを知る手がかりになる貴重な調査が残っている。

五二（昭和二十七）年四月、巣鴨プリズンにいた戦犯たちが自主的に行った調査である。すでに対日平和条約が締結され、朝鮮戦争の特需景気で経済が急速に回復し、暮らし向きが大きく変わり始めた時期の調査だから、まだ敗戦一年後の時分とはまるで世の中の事情が違うが、それでも戦犯家族の状況の一端を伝える記録として紹介したい。

敗戦から七年たっていたが、巣鴨にはまだ千五十三名の在監者がいた。この時点で家族と離れている期間で一番長い者は二十四年四カ月、最短で三年一カ月、平均すると九年十カ月がたっていた。その間、家族にとって一家の大黒柱はずっと不在だったのである。

家族の暮らしぶりを「貧困」と答えた者は七七・八％にものぼり、うち三九・一％は「極度の貧困」と回答している。何とか生活できているとしたのは一九・八％に過ぎなかった。

この頃には、世の中では白黒テレビの発売が始まり、東京・青山にボウリング場ができたとか、電動オモチャが登場したといって、世間は豊かさを享受しだしていたが、戦犯家族たちはそんな豊かさとは無縁だった。恩給支給や弔慰金などの公的援護の対象にもまだなっておらず、社会から孤立、疎外されていたのである。

調査では、離婚に同意した者三十八名、婚約解消は五十九名とある。婚約解消は戦犯本人からの申し出が多いが、離婚は妻側からがほとんどだった。調査外だが、戦犯が出所した後に離婚した者も多かったようで、「妻側での過失ないし誘惑に陥りしことによるものが多いものと察せられる」という記述がある。「妻側の過失と誘惑」の意味するところは想像に難くない。出所してみたら、妻の気持ちは離れてしまっていた、あるいは別に男がいたということだろう。だが、困窮した暮らしを長く強いられ、いつ帰ってくるかわからない夫を待ち続けていた妻たちを誰が責めることができようか。

戦犯家族にとっては〝白眼視〟という冷たい仕打ちもあった。戦時中は「銃後の妻」、夫が戦死すれば「英霊の家族」と持ち上げられていたのが、夫や息子が生きて戦犯になったゆえに一転、「犯罪者の家族」にされたのである。「戦犯家族に対する社会迫害」という項目を見ると、内容は実に多岐にわたっている。

「極度の貧困」と答えた中で生活保護を受けたのは百三十八家族と全体の三分の一にとどまっている。これも社会の眼を怖れるあまり生活保護の申請さえできなかったのだと聞かされれば、社会の冷たさに愕然とせざるを得なくなる。

調査には「日本警察官吏による不法な待遇」という項目もある。警察官たちから〝犯罪者家族〟として威圧的、高圧的な扱いを受けたという訴えである。GHQの権威をかさに着た官憲の容赦ない迫害は百八十六件にのぼっている。「将来、本人の意志によっては損害賠償その他の提訴が行われることを予期せられる」と調査書は書いているが、実際にそうした提訴があったという話は聞かない。それすらできなかったということか。


処刑された者の遺族になると、もっと悲惨だったに違いない。こちらは調査したものがなく、実態はわからないが、想像は容易につく。

刑死者らの遺稿集『世紀の遺書』が世に出てから三十一年後の八四（昭和五十九）年に復刻版が出された。その末尾を見ると「復刻にあたって」という一文があり、遺族に復刻版に再録掲載の同意をお願いしたとある。しかし見ていくと空白のページが目立つ。「一部ご遺族のたっての希望により削除したものもある」と注記されている通り、削除を申し出てきた遺族は三十七件を数える。復刻版が出たのは、昭和という時代が終わる五年前である。戦犯遺族が背負った〝汚名〟は、時間が解決しなかったということである。

話を再びラバウルに戻したい。

戦犯収容所ではこれといった楽しみがあるわけでない。それが四六（同二十一）年九月八日は違っていた。朝からみんな子どものように浮き立っていた。日曜日のこの日の夜、映写会が予定されていたからである。邦画とは聞いているが、いったいどんな映画なのかと話題は朝からそればかりだった。誰もが収容所に入って以来、日本映画を観るのは初めてで、胸が高まるのも当然だった。

夕方に映写機とフィルムを積んだトラックが到着すると、映写会場に充てられた広場はすでに兵隊たちで埋め尽くされており、一斉に歓声と拍手があがった。

上映されたのは大映の『華やかなる幻想』（昭和十八年制作）という映画だった。フィルムが痛んでいて、画面は揺れるし雑音で声が聞き取りにくいのだが、それでも地面に座った戦犯たちはにわか造りのスクリーンに目を凝らした。

交響楽団をテーマにした映画で上映時間は九十六分。スクリーンに映し出された日本の風景や街並み、人々の暮らしにみんなの目はくぎ付けになった。とりわけひきつけられたのが宝塚歌劇団出身の主演女優月丘夢路の姿で、ノースリーブから出る白い腕、日本女性らしい身のこなしにあちこちからため息がもれた。それはまさしく祖国の匂いだった。自分の妻や恋人の姿を重ね合わせたのだろうか、涙ぐんでいる者もいた。娯楽のはずがかえって望郷の念を募らせる結果となってしまったのか、映画が終わるとみんな押し黙ったままだったという。

九月二十八日にスイス・ジュネーブの国際赤十字の調査団が訪れた。片山は通訳を頼まれ、収容所の視察に付いて回った。ひと通り調査が終わると、調査団から何か要望があるかと聞かれたので片山は三つのことを頼んだ。

一つは、収容所にいる全員のリストを日本政府に渡して欲しいということである。自分たちがここで服役していることを日本政府は知らないのではないかとみんなが心配していたからだった。信じ難いことだが、戦犯者たちに日本政府は何の援助の手も差し伸べてくれていなかった。リストを渡すことで、連絡がとれていない家族に通知してくれるかもしれないという期待もあった。

二つ目は、往復ハガキが欲しいと頼んだ。家族との連絡用である。三つ目は、短波放送が受信できるラジオ三台をお願いしたいと言った。調査団は即座に三件とも快諾してくれた。

約束通りにラジオ三台が届いたのは年末のクリスマス直前で、これは文字通りのクリスマスプレゼントだと言って、戦犯たちの喜び方は尋常ではなかった。いかに祖国の情報と声をみんなが欲しがっていたかということである。一日の作業と夕食が終わるとラジオの周りにはいつも黒山の人だかりができ、祖国から届く電波にみんな息をつめて耳を傾けた。

あとの楽しみといえば食事ぐらいだが、特別なものとしてはタバコがあった。戦時中はタバコが手に入らないので薄くて紙質がよい英和辞典のページを破り、葉っぱを巻いて代わりに吸っていた兵隊が多く、みんな本物の味はすっかり忘れていた。

豪軍は日本兵のタバコを禁じていたが、そこは蛇の道は蛇である。オーストラリア兵の中には日本兵の持ち物と物々交換に応じる者がいくらでもいたから、簡単に手に入れることができた。

日本兵が欲しがっていることがわかると、彼らは足元を見て値をどんどん吊り上げてきた。そのうちに相場ができ、万年筆一本でタバコ三本、時計一個がタバコ一箱となった。不思議なのは、出回っていたのはオーストラリア製でなくアメリカ製のタバコがほとんどで、中でも一番人気は日の丸印のラッキーストライクだった。

しばらくすると今度は日本兵同士の間での交換が始まった。といってもこちらは物品ではなく、作業との交換で、これにも相場ができた。たとえば発電所での作業はタバコ三本、司令部の作業は五本といった具合である。肉体的にきついかどうかより、作業の難易度によって値段が決まった。

片山もタバコは好きで、翻訳のお礼にと豪軍将校からもらうことがたまにあった。フィリップモリスのチェスターフィールド一本をもらった日は、「夜、静かに喫いながら、昔を懐かしく思い出しました」と日記に書いている。

自分の時計がタバコ六缶と交換でき、思わぬ大量の〝戦果〟になった日があった。見つかれば没収されるので、クギ箱に隠して宿舎に持ち帰り、同僚の高橋豊治中尉にお裾分けした。「気前よく一缶進呈しました」と得意げに日記に書いているから、この時のタバコの入手は余程嬉しかったとみえる。

血の抗議

四六（昭和二十一）年八月十三日、陸軍の五名が一斉に処刑された。

その朝、所内でひと騒ぎが起きた。

片山たちが彼らを金網越しに見送るため「白亜牢」に近づき、敬礼をしながら『君が代』を唄いはじめたところに、スミスという中尉が飛んで来るなり、怒鳴り散らし、石を投げつけてきたのである。見送りは中止になってしまい、五名はそのまま絞首刑の刑場に引き立てられていった。

スミスが異常にエキサイトしたのは、処刑者のうち陸軍の池葉東馬大尉が前夜遅くに自殺を図ったからだった。死刑係のスミスは自分の責任が問われると思い、腹立ちまぎれに嫌がらせをしたのである。


池葉は前日、死刑執行の「確認」を告げられて「白亜牢」に入る際にカミソリの刃二枚を靴下に忍ばせて持ち込んでいた。深夜になって苦しんでいるのが発見され、自決は未遂に終わったが、執行は可能と判断され、池場は予定通り他の四名と一緒に処刑場に送られた。

池葉が執行直前になって自殺を図ったのには理由があった。戦犯仲間に残した遺書には、そのことが書かれていた。

みんなに迷惑をかけることは重々承知しているが、そうせざるを得ない自分の心情を理解してほしいとあり、次のような理由をあげていた。
一、豪軍の手により死するを欲せず。何となればあくまで無罪を確信すればなり。
二、一方的不合理なる裁判の判決に対し鮮血をもって抗議するものなり。
無実である以上、処刑は受けない、だから抗議の死を選ぶというのである。

片山は池馬のことを「温厚なる士で、インド人部隊の指揮官として、善戦善闘された人です。インド人に恩を仇で返されたような結果になりました。特に部下の青年士官の無実なることを、最後まで弁護されておられました。四十九歳、子どもが六人あるとのこと、漢詩の大家です」と評していた。

栃木県真岡市出身の池葉は、いつも『万葉集』や『歎異抄』、中国の儒学者王陽明の本を数珠と一緒に携行していて、たたきあげの軍人とは思えない知識人だった。

再召集されたのは四三（昭和十八）年三月で、この時すでに四十六歳。昔なら再召集のかからない年齢だったが、戦局が厳しくなり、日本軍は体の動く者なら誰でも片っ端から召集をかけたのである。

池葉は、昭南島（シンガポール）、ジャワ、パラオ、ラバウルと転戦し、最後がブーゲンビル島を守備する「猛一〇三七五部隊」の部隊長だった。部隊は飢餓と病気に耐えて敗戦を迎えたが、部下の大半は戦病死し、池葉は死刑判決を受けた。

「お別れしてより三年半になります。その間、一通も手紙を受け取っておりませんので、家族の安否はもとより一切不明でありまして心配しております」妻宛てに残していた遺書はこうした書き出しで始まっていた。

「戦争犯罪と言えば極悪無道の者のようにお考えになるかも知れませんが、小生のいたしたことは元私の部下でありましたインド人、インドネシア人にして、敵前において奔敵、逃亡した者、または党を組み多数の者を煽動して敵に走らんとした者をやむを得ず、陸軍刑法

及び軍命令に従って略式裁判により死刑を命じましたのです。これは当時の情況上、作戦上、軍紀を維持するためきわめて合法的、正当なる処置でありまして、俯仰天地に恥じず、一点のやましいことがないのでありますから何卒ご安心ください。私たちが正しかったことと罪の無いということがいつかわかる時が必ず来るでしょう」

六人兄弟の長男には次のように望んでいた。

「父の死は決して破廉恥罪にあらず。国家のため最善を尽くしたるものにして、罪無くして死するものなれば安心して可なり。立身出世を望まず、誠実一途の人間となること」

池葉は出征して以来、折りに触れて歌を詠み、それらはまとめて戦犯仲間に託していた。もし家族にそれが渡ることがあれば、『ソロモンの夢』という題の本にして友人や知人に配ってもらいたいという望みが添えられていた。

その『ソロモンの夢』の中にこんな歌がある。

いくたびかかわれに仇せしアメリカの　俘虜と語りぬ島のあらそに

茶をすすめ煙草与えて慰むと　俘虜は泣きけり島の夕ぐれ

歌には説明が付いていた。それによると、四三（同十八）年十一月に日本軍に捕まった米軍飛行士二名が憲兵に連れられてラバウルにやって来た。深夜に駆逐艦で別の島に移送するまでの間、池葉は監視役を命じられた。

多少英語ができる池葉が彼らに話しかけると、ひとりは二十四歳、もうひとりは二十七歳の新聞記者出身だと答え、アメリカにいるそれぞれの恋人や妻の話をしたという。池葉は温かい紅茶を入れ、タバコと一緒に出してやった。

ふたりは砂糖の入った紅茶を飲んだのは捕虜になってから初めてだと言って涙を流して喜んだ。そんな束の間の語らいは終わり、出発の時間になった。連行されて行く時、青年たちは何度も「サンキュー」を繰り返し、振り返りながら出て行ったのだという。

「人情に変わりなく、予もまた彼らの無事安全を祈るのみなりき」と書いた池葉だが、アメリカの若者たちがその後どこに連行されて行ったのか、無事に祖国に帰ることができたのか、あるいは処刑されてしまったのか、むろん知るはずはない。

無実を叫びながら逝った池葉と、敵の情けに涙しながら去っていった若い米兵たち……戦争とはなんと非情なものであろうか。

虐待の嵐

片山はまるで豪軍のスタッフにでもなったかのように、ほとんど毎日、豪軍事務所に出向いて行っては裁判資料や陳述書などの翻訳や尋問の通訳にあたっていた。アプソン所長なんかはすっかり片山に頼りきっていて、特別の存在として扱った。

そうなるとおもしろく思わない者が出てくるのが世の常である。いくら重宝でも所詮は戦犯でありそれも死刑囚である。豪軍の中に、露骨に嫌がらせをする者が出てきた。

その筆頭が前出のスミス中尉だった。警察官から軍人になったという話だったが、片山に限らず日本人に異常な敵意を持ち、穴掘り作業中に事故が発生した時も、トラックにひかれる事故が起きた時でも、助けようともせず、冷笑を浮かべて眺めているような男だった。

片山は手帳を取り上げられたことがある。日記を書き込んでいる命と同じに大事なものだったから何が何でも返してもらわなければと、スミスが食事している食堂に行くと、「ジャップが食堂に近寄るな！」と罵った。片山の存在が癪に障わって仕方がないのだ。

八月三十日、スミスはいつものごとく片山のすることに難癖をつけ、その日は〝罰〟だと言って重労働を命じた。

重労働というのは、戦犯たちの間では〝石運びの刑〟と呼ばれ、土砂や溶岩を積んだ手押しの一輪車を小高い丘の上まで運ばせる作業である。本来運ぶ必要のない重さ百キロもある土砂運びを一日中繰り返させるのである。炎天下での「賽の河原の石積み」といったら想像できるだろうか。

多くの戦犯がこの〝石運びの刑〟に泣かされた。

スミスが声をかけた時、英語がわからない兵隊が返事をためらっていたら、俺を無視したといってはこの刑だった。命じられた散水が終わったので宿舎に引き揚げるとサボっていたといってはこの刑だった。抜き打ちの持ち物検査で、ポケットに紙きれ一枚が残っていたことを理由に一週間この刑を受けた者もいた。

スミスに命じられた監視兵たちは、自動小銃を向けて「ハリーアップ、ハリーアップ！」「カムオン、ジャップ！」とわめきながら作業を急き立て、ちょっとでも手を緩めたり、よろけたりすると、ゴムホースや革のベルトの鞭が飛んできた。背中から出血し、足が腫れ、顔がむくんでも、石運びは止むことがなかった。そんな光景を、ある兵隊はこう詠んだ。

一輪車押す力失せてかふらふらと　二三歩行けばはたと倒れぬ

骨肉も砕ける程に鞭打つを　逃ぐるが如く友は走るも

戦犯者《めしうど》は汗も拭わず土運ぶ　燃ゆる日中《ひなか》をよろめきつつ

ある日、片山が石運びの途中で倒れた兵隊を見つけて駆けつけ、手を貸したことがあった。すると矛先は片山に向けられ、代わりに一輪車を押せと命じられた。片山は黙って引き受け、ひたすら重い一輪車を押し続けた。

仲間を救うために虐待に耐えている片山の姿は、収容所の兵隊たちの心を動かした。別の兵隊はそんな片山の姿をこう詠んでいる。

いささかの過失をとりて鞭うちし　スミスという名を忘れざらめや

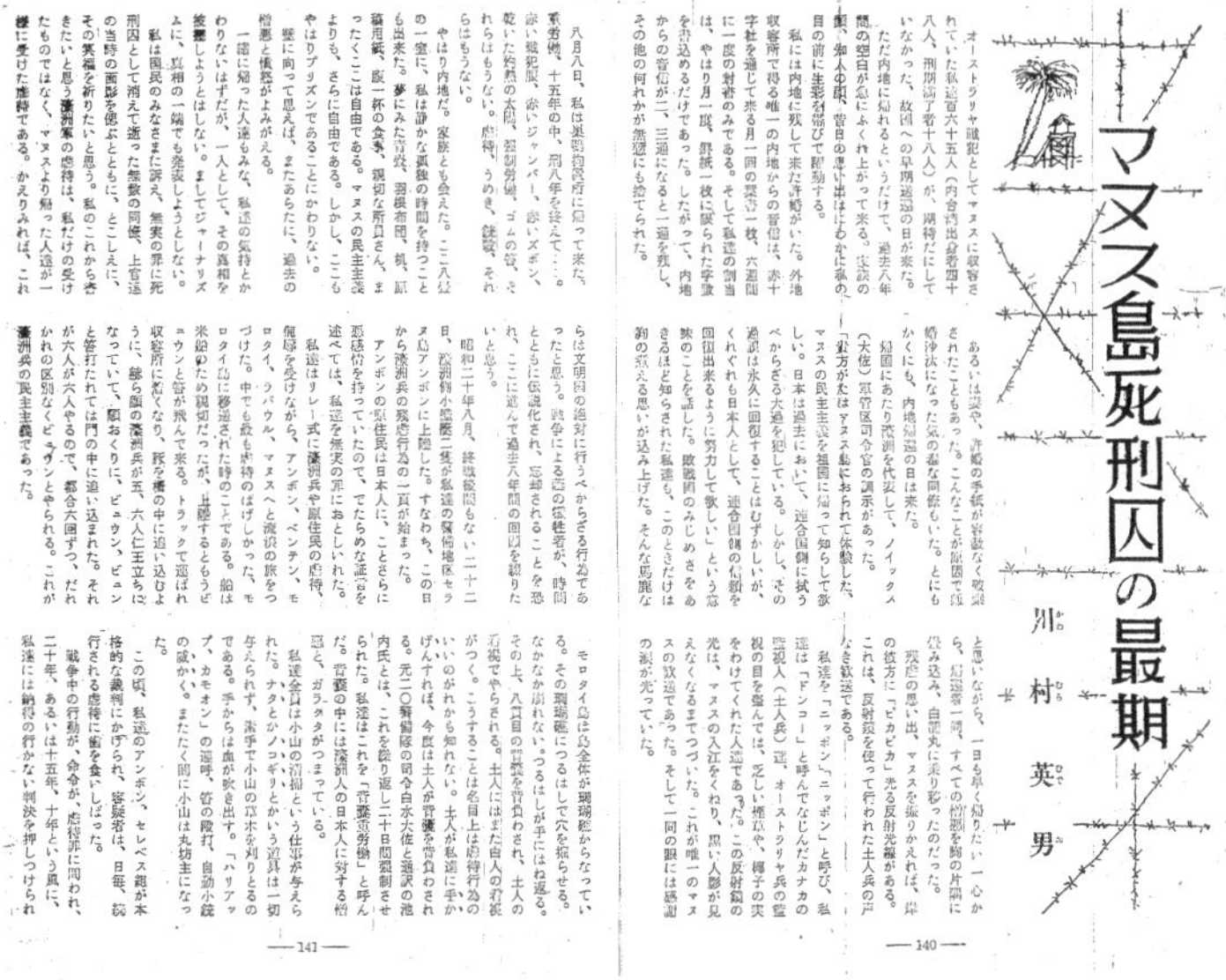

マヌス島死刑囚の最期

川《かわ》村《むら》英《ひで》男《お》

オーストラリヤ戦犯としてマヌスに収容されていた私達百六十五人（内台湾出身者四十八人、刑期満了者十八人）が、期待だにしていなかった、故国への早期送還の日が来た。

ただ内地に帰れるというだけで、過去八年間の空白が急にふくれ上がって来る。家族の顔、知人の顔、昔日の思い出はにわかに私の目の前に生彩を帯びて躍動する。

私には内地に残して来た許婚がいた。外地収容所で得る唯一の内地からの音信は、赤十字社を通じて来る月一回の葉書一枚、六週間に一度の封書のみである。そして私達の割当は、やはり月一度、罫紙一枚に限られた字数を書込めるだけであった。したがって、内地からの音信が二、三通になると一通を残し、その他の何れかが無惨にも捨てられた。あるいは涙や、許婚の手紙が容赦なく破棄されたこともあった。こんなことが原因で破婚沙汰になった気の毒な同僚もいた。とにもかくにも、内地帰還の日は来た。

帰国にあたり豪洲を代表して、ノイックス（大佐）軍管区司令官の訓示があった。

「貴方方はマヌス島におられて体験した、マヌスの民主主義を祖国に帰って知らして欲しい。日本は過去において、連合国側に拭うべからざる大過を犯している。しかし、その過誤は永久に回復することはむずかしいが、くれぐれも日本人として、連合国側の信頼を回復出来るように努力して欲しい」という意味のことを話した。敗戦国のみじめさをあきるほど知らされた私達も、このときだけは胸の煮える思いが込み上げた。そんな馬鹿なと思いながら、一日も早く帰りたい一心から、帰還者一同、すべての憎悪を胸の片隅に畳み込み、白龍丸に乗り移ったのだった。

残虐の思い出、マヌスを振りかえれば、岸の彼方に「ピカピカ」光る反射光線がある。これは、反射鏡を使って行われた土人兵の声なき歓送である。

私達を「ニッポン」「ニッポン」と呼び、私達は「ドンコー」と呼んでなじんだカナカの監視人（土人兵）達、オーストラリヤ兵の監視の目を盗んでは、乏しい煙草や、椰子の実をわけてくれた人達であった。この反射鏡の光は、マヌスの入江をくねり、黒い人影が見えなくなるまでつづいた。これが唯一のマヌスの歓送であった。そして一同の眼には感謝の涙が光っていた。

— 140 —

八月八日、私は巣鴨拘置所に帰って来た。重労働、十五年の中、刑八年を終えて……。赤い戦犯服、赤いジャンパー、赤いズボン、乾いた灼熱の太陽、強制労働、ゴムの笞、それらはもうない。虐待、うめき、銃殺、それらはもうない。

やはり内地だ。家族とも会えた。ここ八畳の一室に、私は静かな孤独の時間を持つことも出来た。夢にみた青畳、羽根布団、机、原稿用紙、腹一杯の食事、親切な所員さん、まったくここは自由である。マヌスの民主主義よりも、さらに自由である。しかし、ここもやはりプリズンであることにかわりない。

壁に向って思えば、またあらたに、過去の憎悪と憤怒がよみがえる。

一緒に帰った人達もみな、私達の気持とかわりないはずだが、一人として、その真相を披瀝しようとはしない。ましてジャーナリズムに、真相の一端でも発表しようとしない。

私は国民のみなさまに訴え、無実の罪に死刑囚として消えて逝った無数の同僚、上官達の当時の面影を偲ぶとともに、とこしえに、その冥福を祈りたいと思う。私のこれから書きたいと思う豪洲軍の虐待は、私だけの受けたものではなく、マヌスより帰った人達が一様に受けた虐待である。かえりみれば、これらは文明国の絶対に行うべからざる行為であったと思う。戦争による蔭の犠牲者が、時間とともに伝説化され、忘却されることを恐れ、ここに進んで過去八年間の回顧を綴りたいと思う。

昭和二十年八月、終戦後間もない二十二日、豪洲側小艦艇二隻が私達の警備地区セラム島アンボンに上陸した。すなわち、この日から豪洲兵の残虐行為の一頁が始まった。

アンボンの原住民は日本人に、ことさらに悪感情を持っていたので、でたらめな証言を述べては、私達を無実の罪におとしいれた。

私達はリレー式に豪洲兵や原住民の虐待、侮辱を受けながら、アンボン、ベンテン、モロタイ、ラバウル、マヌスへと流浪の旅をつづけた。中でも最も虐待のはげしかった、モロタイ島に移送された時のことである。船は米船のため親切だったが、上陸するともうビュウンと笞が飛んで来る。トラックで運ばれ収容所に着くなり、豚を檻の中に追い込むように、赫ら顔の豪洲兵が五、六人仁王立ちになっていて、順おくりに、ビュウン、ビュウンと笞打たれては門の中に追い込まれた。それが六人が六人やるので、都合六回ずつ、だれかれの区別なくビュウンとやられる。これが豪洲兵の民主主義であった。

モロタイ島は島全体が珊瑚礁からなっている。その珊瑚礁につるはしで穴を掘らせる。なかなか崩れない。つるはしが手にはね返る。その上、八貫目の背嚢を背負わされ、土人の看視でやらされる。土人にはまた白人の看視がつく。こうすることは名目上は虐待行為のいいのがれかも知れない。土人が私達に手かげんすれば、今度は土人が背嚢を背負わされる。元二〇警備隊の司令白水大佐と通訳の池内氏とは、これを繰り返し二十日間強制させられた。私達はこれを「背嚢重労働」と呼んだ。背嚢の中には豪洲人の日本人に対する憎悪と、ガラクタがつまっている。

私達全員は小山の削掘という仕事が与えられた。ナタとかノコギリとかいう道具は一切与えられず、素手で小山の草木を刈りとるのである。手からは血が吹き出す。「ハリアップ、カモオン」の連呼、笞の殴打、自動小銃のいかく。またたく間に小山は丸坊主になった。

この頃、私達のアンボン、セレベス組が本格的な裁判にかけられ、容疑者は、日毎、続行される虐待に歯を食いしばった。

戦争中の行動が、命令が、虐待罪に問われ、二十年、あるいは十五年、十年という風に、私達には納得の行かない判決を押しつけられ

— 141 —

『婦人公論』掲載の「マヌス島死刑囚の最期」

歯がみして忍ぶに難き屈辱を　辛く耐えればいよいよ傲《たかぶ》る
むごく打たれて足立ち不得にて
岩山を片山大尉座りつつ掘る

五三（昭和二十八）年の月刊誌『婦人公論』十月号に元戦犯の川村英男が書いた「マヌス島死刑囚の最期」という記事が載った。その記事の中で片山はこう書かれている。

「片山大尉は別棟の死刑囚の独房からこれらの状況（戦犯たちへの虐待です）を見ていて、彼らの非人道的な行為を正させるべく、あらゆる困難を犯して説得につとめた。虐待のはげしい中で、常に神の摂理を説き、神の意志に反する敵の行為に対しては、受容されない

ことを承知しながら、何度もタイプを打って、牧師を通じて嘆願した。（略）しかし虐待は前にもましてはげしく、今度もその反動が片山大尉一人に集中攻撃された。豪州側はあくまで虐待が目的なのだからいかなる嘆願にも耳をかたむけるわけがなく、筋が通っていればいるだけ片山大尉が憎らしかったに違いない。しかし最後まで嘆願はやめなかった。そしてその結果は大尉自身が重労働を課せられることになってしまった。大尉は私たちの犠牲を一身に背負った」

残虐なのはスミスだけではなかった。ブラックボーンという伍長も似たようなタイプの男で、片山の表現によると「アブノーマルな振る舞い」がしばしばあった。また絞首刑を執行する役目のグリッジ中尉もひどかった。もともと酒癖の悪い男だが、処刑があった日は特に酒を浴びるように飲んでは暴れ、誰彼かまわずに戦犯たちを殴りつけた。ある時は、絞首したが死にきれなかった日本兵の頭を棒で殴ってとどめを刺したという〝自慢話〟を平然としながら暴力を振るった。

昼となく夜となく、毎日繰り返される虐待を誰も止めることができなかった。虐待は虐待を呼び、それは嵐と同じように、ひたすら耐えて過ぎ去るのを待つしかなかった。

そんな日々が続いていたある夜、ついに事件が起きた。

警戒兵のひとりが何の理由もなく機関銃を夜空に向けて乱射したのである。面白半分に脅すつもりだったのだろうが、静まり返っていた暗闇を切り裂く突然の銃声に収容所内は騒然となった。幸い、死傷者は出なかったものの、一歩間違えば大惨事になるところだった。

さすがの今村も我慢できず、片山を連れてアプソン所長に抗議に行った。

いつになく今村は厳しい顔つきで言った。

「残酷な私刑《リンチ》が加えられる、こんな状態が続けば暴動が起きてもおかしくない。私にはとめられない」と脅したのである。

片山がそう伝えると、アプソンが真っ青になった。すぐに改善すると約束したので、その場は一応収まったが、しかしその後も陰湿かつ残虐な虐待は止むことはなかった。

捕虜への虐待を理由に戦犯を裁いた豪軍が、それに勝るとも劣らない虐待を加えるという理不尽さが野放しになっていたのが、ラバウルの日常だった。

壁の絶筆

死刑判決の場合、オーストラリア本国で刑が妥当と「確認」されると戦犯はただちに「白亜牢」に移され、翌朝の処刑を待つことはすでに書いた通りである。そして彼らは狭く暗い独房の中で、絶望と孤独の一夜を過ごすのである。

ある日、「壁に絶筆が残っているらしいぞ」という話が伝わってきた。もしあるなら、それは彼らの最期の言葉であり叫びだが、でも本当にあるのか、確認した者は誰もいない。「白亜牢」にいったん入ればそのまま処刑場に連行され、再び戻って来ることはないのだから当然である。

その話を聞いて、「確かめてきますよ」と片山は申し出た。一九四七（昭和二十二）年二月十一日の火曜日は、入牢者がいなかったので、牢内の清掃をしたいと言うと、豪軍は何の疑いもせずに許可してくれた。

片山は同志ふたりを伴って入った。すると、五室ある独房の壁には確かにいくつもの言葉があった。薄汚れた固いコンクリート壁に鉛筆で書いたか、爪を立てて刻んだとみられる言葉の数々だった。

手早く掃除をすませると、手分けしてそれらを書き写した。見つかれば重労働という名前の虐待が待っているのは覚悟のうえだが、「最期の声」を祖国の家族に届けてあげられなくなってしまう。片山たちは必死にメモした。

文字通りの「絶叫」はこうして残った。その一部を紹介する。（　）内は筆者注。

・三十分後に吾天国に昇る　人の命ははかなきものなり　ジープよ早く来たれと待つ今

のこの一刻ぞ　誠に永きものなり（憲兵曹長）
・無実ナリ　罪ナシ（陸軍伍長）
・やせ蛙　絞首の朝にまみえけり（海軍中尉）
・海軍主計兵曹長　三十四歳　コノ者　秋田県人ナリ　昭和二十一年八月十七日
○八一五　死刑　無念　絞首台の露と消ゆ
・永いご交際でした　僕は永久の世界へ旅立ちます　いつまでも　いつまでも　お元気で　北海道のご両親の幸永からんことを　草場の蔭で祈っています。　昭和二十一年九月七日　とどかぬ人の名を呼んで　明けてはかない朝の露（陸軍准尉）
・順逆不二　生死一如　児親平等　信仰法悦　波羅密多　恩愛越之　是涅槃像（台湾出身の軍属）
・あの世にも　咲けよ　大和の山桜（名前なし）
・何も言わじ　唯々日本を祈るのみ（名前なし）
・一夜寝て　牢の夜明けが　みにしみる（陸軍大尉）

最後の歌を刻んでいた陸軍大尉が絞首台に立ったのは、四六（昭和二十一）年十月十九日だった。歌と一緒に新潟県の住所が書かれ、家族の名前と年齢が刻まれていた。子どもは五人いたらしく、十六歳の長女を筆頭に長男十三歳、次女十歳、三女六歳とそれぞれの名前と年齢があったが、末っ子は「幼児　二歳」となっていた。抱くことや写真で見ることはおろか、最後まで性別や名前すら知ることができなかったということなのだろう。

そんな幼い子どもたちを抱えて、妻はこの先どうやって生きていくのだろうか。自分の処刑を知らされたら家族はいかに悲嘆に暮れることか……。大尉は、眠れぬまま処刑の日を迎えたに違いない。そして朝、大尉は照りつける南洋の日射しを受けながら刑場に向かった。

遺書にはこんな歌が添えてあった。

天地に我をたよりの妻や子は　今日の音ずれ何と聞くらん

下克上

片山は巣鴨プリズンに出頭した日から処刑される日までほとんど一日も欠かさず日記を書き続けていた。それが、四六（昭和二十一）年十月六日から翌四七（同二十二）年九月六日までの十一カ月間がすっぽり抜けている。その理由は未だにわからない。

手帳類は豪軍に見つかれば没収され、まして日記の類は没収だけでは済まずに懲罰ものだったので、片山は慎重にも慎重を期し、書き終えると手帳を缶に入れて蓋をハンダ付けにし、帰還兵に託して持ち帰ってもらっていた。本来なら全部で四冊あったはずである。第三冊目の十一カ月間だけが欠けているのは、没収されたのか、途中で紛失したか不明だが、貴重な資料だっただけに残念でならない。

最後の手帳は、敗戦から二年たった四七年九月から始まっている。この頃、目につくのが、かつての上官が部下から暴行を受けたという記述である。それも頻繁に出てくる。さながら下克上の様相なのだ。

九月十六日には、収容所内の医務室でKという海軍中佐が下士官から殴られる騒ぎが起きている。仲間の将校と一緒に歯科治療にやって来たK中佐は、控室で診療を待っていた下士官に見つかり、殴られたというのだ。医務室から飛び出してきた軍医長たちによってその場は収まったが、その話を聞いた片山はこう書いている。

「K中佐自身、いかに二十警の下士官兵に怨まれているかということを知っておられながら、おめおめ歯科治療とはいえ、光部隊にお出になることが間違っていると考えられます」（九月十六日）

二十警とは白水大佐が司令をしていた第二十警備隊で、K中佐は「スコット少佐事件」に出てくる参謀だったと思われる。

この月の二十九日には、今度はXという大佐が、夕方の点呼時に二十警の下士官兵たちに袋叩きにあっている。それも二度目だというのだから、この男は余程憎まれていたのだろう。X大佐が誰かは特定できないが、司令部付参謀のひとりだったことは間違いない。

こんなこともあった。アンボン島事件で死刑判決を受けた海軍の嘱託が、これもKとイニシャルが書かれている中佐とばったり会った。すると、近く内地に帰ることが決まっていたKに向かって「帰国してI中将に会うことがあったら自決しろと、俺が言っていたと伝えろ」と罵倒したというのだ。この嘱託というのは後に処刑される池内正清のことで、I中将は一瀬中将だろう。

命令に従ったことで死刑にされた兵隊たちが、それをかばうどころか自分たちだけは助かっている上官たちを許せないと思うのは当たり前である。戦時中は部下たちに偉そうに立派なことをさんざん言っておきながら、戦争が終わった途端、自分の保身だけを考え、部下に罪を押しつけて平然としている無責任きわまりない将官や高級将校たちはけっして少なくなかったのである。

戦犯体験者の声を集めた『壁あつき部屋』の中にもこうした事例がいくつも出てくる。場所がラバウルかどうかははっきりしないが「南方方面の収容所」で服役したという海軍大尉は、こんな光景を目撃したと書いている。

戦犯収容所で目が覚めると、若い士官らしい青年ふたりと将官が激しく言い争っていた。話のいきさつはわからないが、いきり立った青年たちが「処刑を命じたのはあんただろう」と将官に詰め寄った。

すると将官は、「僕は君、適当に処分せよ、といっただけなんだからね。搭乗員を殺せといった記憶はないように思う」と言った。

日本軍では「処分せよ」は「殺せ」と同義語だということは常識である。青年士官はそう言って食い下がると、「そりゃ君たちだけの勝手な解釈だったのだよ」「お前、それでも司令官だったのか！」

「君、日本のどんな辞書でも引いて見たまえ。適当に処分せよというのが、どんな事を意味しているのか」

この手記のような光景は、残念ながらどの収容所でも見られた。


今村大将が自決を図った項で取り上げた『ラバウル戦犯弁護人』を書いた松浦義教は、「内地に潜入したM中佐の苦難行」と題してこんな実例を紹介している。

ブーゲンビル島の陸軍第十七軍司令部で情報関係参謀を務めていたというM中佐の話だ。

復員が始まると、M中佐は自分が米軍飛行士の殺害事件で戦犯になるのではないかと怖れ、偽名を使って復員船にもぐり込み、いち早く日本に逃げ帰ったというのだ。

帰国したものの、実名ではいつGHQに捕まるかわからない。そこで、樺太からの引き揚げ者を装って別名で戸籍をつくると北海道のニシン漁場で漁夫たちに混じって働いた。当時は、空襲で役場の記録が焼けてしまったり、外地からの引き揚げ者については戸籍を自己申告でつくることが出来たので、Mは悪知恵を働かせたのである。

松浦とは陸軍士官学校で同期生だったというMは、参謀を務めたぐらいだから頭はよかったのだろう。漁場でもすぐその能力が見いだされ、漁業組合の書記に採りたてられた。事務職になり、慣れない肉体労働から解放されて喜んだことは言うまでもない。

だが、書記なので背広が必要になった。まだこの時代、背広は貴重品だったので簡単には買えない。そこである人を通じてひそかに妻に連絡をとってもらい、自宅にある背広を送ってくれと頼んだ。Mの歯車はここから狂い始めた。

逃亡生活を続け、どこでどうやって暮らしているのかと心配していた妻は、夫からの連絡に大喜びした。正月が近かったこともあり、早速、工面して餅を手に入れると、背広と一緒に小包にして送ってあげた。

当時、米は配給制で自由な売買は禁じられていたので、荷物に紛れ込ませて送ることがよくあった。小包が不自然に大きいことから不審に思った警察が調べると、餅と一緒に背広が出てきた。背広の裏にあったネームの刺繍から、GHQから全国の警察に指名手配されている戦犯容疑者だとわかり、Mはそれが運の尽きとなって逮捕され、戦犯裁判を受けて終身刑になったというのだ。

陸軍士官学校を出たエリート将校の話である。軍人の風上にも置けないひどい男がいたものだが、松浦はそういう趣旨でこの話を書いたわけではない。むしろMに同情的なのである。

「M中佐がもしラバウルで捕えられ、しかも早期の裁判だったら、有無を言わせぬ絞首刑だったろう。彼の辛い多年の逃亡生活も、それなりに有効だったというべきか。あるいは無実にして永い辛酸をなめさせられたというべきか」

確かにそうかもしれない。ラバウルで戦犯裁判の理不尽さをさんざん見てきた松浦だからこその率直な思いなのだろう。しかし、Mから命じられて捕虜の殺害を執行した部下がいたのである。

むろん、松浦は同期生が助かって良かったという話として書いたわけではないだろうが、彼のせいで戦犯になり、重罪になった、あるいは処刑された部下がいたはずである。そう考えると、ラバウル時代の戦犯のエピソードの一つとして取り上げるには余りに重たい話である。

七　愛しき命

受難の教会

戦犯収容所では、誰もが不安と焦燥感にかられ、日々、死の恐怖と絶望感と闘っていた。勢い気持ちは荒れ、生活が乱れた。どうしたらそんな彼らが心の平安を保つことができるのか。今村均が考えたのが宗教の必要性で、そこに目を向けさせることだった。仏教は僧侶出身の兵隊に頼み、キリスト教は片山に声をかけた。

そうやって始まった「光教会」だったが、予想外に参加する者が多く、敗戦から二年たった頃には毎回四、五十名が集まるようになっていた。英語教室の方も盛況で、教会と教室の運営は、今や片山の大きな生きがいであり使命になっていた。

そんな中には台湾出身の兵隊や軍属もいて、陸軍二等兵の簡茂松（日本名・竹永茂松）も英語教室に熱心に通うひとりだった。

二五（大正十四）年に台北県で生まれた簡は、台北建成青年学校を出て四二（昭和十七）年に日本の陸軍軍属となり、その後に正規兵の二等兵になった。戦犯になったのは、ボルネオ島のクチン捕虜収容所で監視員をしていた時にイギリス軍大尉を虐待したという容疑だった。

オーストラリア軍ラブアン軍事法廷に立たされた箇は、初公判の日にいきなり論告があり、禁固六年が求刑された。日本人の弁護人は付いたが、ひと言も発言せず、二回目の公判で禁固五年の判決が下された。

虐待といっても、何かのことで一回だけ、ビンタを二発したぐらいのことである。日本軍ではビンタはごく日常の生活習慣みたいなものだと思っていたから虐待したという意識はさらさらなかった。戦犯仲間では「ビンタ五年、ゲンコツ十年」と〝量刑相場〟がささやかれていたが、本当にその通りだった。

判決後、モロタイ島に送られ、四六（同二十一）年五月にラバウル収容所に移されて、そこで片山と出会った。

五一（同二十六）年に刑を満了した箇は、台湾には戻らずに日本に行き、職を転々として最後は東京でタクシー運転手をして暮らした。日本軍にいた時に楽しかった思い出はなく、尊敬できる軍人もいなかった。ただ、今村と片山だけは別で、特に片山は自分の〝先生〟だと慕っていた。

片山が死刑囚棟に移ってすぐのことである。箇は片山に手紙を出したことがある。

「片山先生へ
前略、先生のお懐かしいお笑顔と別れて以来、早や一週間がたってしまいました。その後、先生にはますますご健勝にて毎日々々相変わらずご教授なされておりますとのこと、不肖私も相変わらず元気にて、ご教訓通り精進しておりますからご安心下さい。夜は勉強にはげみ、実に留学したような思いがします。
しかし、疲れているために、思うようには勉強できないことと、なかなか先生が得られないのを惜しく思っております。もし先生が来られたならば、なんと嬉しいことでしょう。では先生には、朝夕お身には特にご自愛のほど、ますますご健勝のほどお祈り申し上げます」
片山に会えなくなった寂しい思いを訴える手紙だった。むろん、すぐに片山から返事が届き、簡の人生の中で忘れられないひとだった。

この頃になると、片山は自分が戦犯になったことに意味があったと確信できるようになっていた。それを裏付けるものとして、片山がラバウルから日本のキリスト教関係者に送った「日本の基督教徒の皆様へ」というレポートがある。クリスチャンの戦犯としてどう生きているのかを伝えている。
このレポートで片山は、妻から「貴方は正直な人ですから他人をあまりご信用なさいませんように」と忠告されたことがあったと明かしたうえで、こう書いている。

「ああ、私は彼女の意志に反してこの不幸を自ら選びとったのです。私はあまりにもお人よし過ぎたのです。世間の眼から見れば、私の行為は大ばか者に見えたかもしれません。しかし私のとった行動は少しも誤っていなかったことを現在信じたいと思います」

巣鴨プリズンへの出頭に素直に応じたがために捕らわれの身となり、一時は自分の愚かさを後悔したこともあったが、今こうして己の使命を自覚できるようになって、〝新たな生〟を得た。これも遠くラバウルに来たからこそであると書き、レポートの最後をこう結んだ。

「処刑の朝、私は処刑執行者に向かって次のように心の中で挨拶してみたいと思います。おはよう、みなさん、ご迷惑をおかけして本当にお気の毒に思います。心ならずもこの不愉快な立場に置かれ、私を処刑しなくてはならない皆様に心からご同情申し上げます。どうか深刻にお考えにならないようにして下さい。皆さんは慈悲深い神が、その栄光をあらわさんとしてご計画になった私の使命を成就するためにご援助下さった方々だということを」

片山は間もなく、その通りに昇天することになる。

伍長と司令官の自決

敗戦から二年経った祖国では、新憲法が施行されたのに続いて、義務教育の六・三制という新学制の発足、労働基準法の公布など新しい国づくりが着々と進んでいた。だがそんな国内の動きをよそにラバウルでは相変わらず処刑が続き、九月三日には海軍の岡田為次少将が逝った。

岡田は片山のアンボン司令部時代の参謀長だった。処刑の前、形見にしてくれと片山にラクダのシャツをくれ、こんな手紙が添えてあった。

「この二カ月半の楽しかったセメントハウスの明け暮れは、一に卿等の賜と衷心から感謝しています。共に内地に帰れば及ばずながらと考えていましたが、とうとう御恩報じの機会なくして逝きます」

収容所内で会うたびに、「君は必ず減刑されて帰国できる。だから、その暁には祖国再建に尽力してくれ」と励ましてくれ、最後の手紙にも、「再建日本は命も金も名誉もいらないという南洲（西郷隆盛のこと）の如き人傑をもっとも必要とします。常に大所高所に立ち、また着眼して奮闘せられよ」とあった。

そんな岡田の言葉はありがたかったが、しかしもう祖国に戻る日はないであろう、そして自分の処刑は近いと、片山の覚悟はできていた。

九日に未決者の十名が釈放され、弁護団と一緒に帰国することになった。今村は彼らに復員に際しての注意事項を与え、彼らからはこれまでのお礼の言葉が返された。これには片山も立ち会った。

今日一日もこうして何とか無事に終わることができたなと思った矢先に事態が一変した。陸軍伍長の間山己八と安達二十三中将が相次いで自決したと知らされたのである。片山はふたりと親しくしていただけに、そのショックでしばらく動けないほどだった。
「私の収容所生活の中でももっとも悲痛な時でした。私は叫びたい、そしてまた思い切って泣きたい。張り裂けるばかりのこの気持ちを、いかに書き記してよいか分からないのです」
（九月十日）

間山伍長ぐらい真面目な男はいなかった。何を頼んでもすぐにやり、いっさい手抜きをしない。性格も温順で朴訥な好青年だったから、片山がバックハウス中尉から「誰か洗濯係をしてくれる信頼できる兵隊はいないか」と聞かれた時にすぐに頭に浮かんだのが間山だった。片山が勧めると喜んでその話に応じ、バックハウスも満足してくれているものだとばかり思っていた。

それが、バックハウスの妻が着替えをしているところを盗み見したという疑いをかけられたのである。むろん間山はそんな下劣なことをする男ではない。本人も絶対にしていないと何度も否定したが、殴る蹴るのリンチを加えられ、死刑囚用の独房に放り込まれた。食事は水と乾パンしか与えられないひどい扱いだった。

間山が入れられた独房は片山の部屋の近くだった。深夜になって、何かうなされているような声が聞こえる気がした。屠殺される豚の泣き声のようにも聞こえたが、念のために間山の名前を呼んでみた。返事はなく、やはり気のせいだろうと思ったが、一応監視兵を呼んで見に行ってもらったところ、首を吊って死んでいたのである。

間山が戦犯に問われたのは、やはりインド人捕虜に関してだった。米を盗んで隠しているのを見つけて殴ったことと、病気なのに薬を与えずに労務につかせたという二件の虐待容疑だった。それでも判決は禁固七年だったからいずれ帰国できる身だった。

片山は、間山よどうして我慢してくれなかったのかと悔しく、叫び出したい思いだった。そして片山の耳には、間山の断末魔の声が今も聞こえるようだった。

もうひとり、自決した安達中将の遺体は、医務室の病室内で見つかった。前日にヘルニアで入院した際、ひそかに小刀を持ち込んでいた。深夜になってそれで切腹しようと試みたが死にきれず、首を吊ったとわかった。正装の軍服に身を包んでいたことから、予てからの決意を実行に移したことは明らかだった。

片山はアプソン所長に呼ばれ、遺書があったからすぐに翻訳してくれと頼まれた。

「私はニューギニア作戦中、勇敢に戦い散っていった多くの青年士官や兵と運命をともに

するために自決し、南海の土にならんと致しております」

遺書はこう始まり、たとえ日本が戦争で勝っていたとしても自分は生きて祖国の土は踏むまいと予てから決めていた。それが敗戦後も生き残ってきたのは、部下を復員させてからと考えていたからである。今、それが終わり、その決意を実行する時期が来た、と書かれていて、こう結んであった。

「**即ち、私の死は、愛する部下の信頼と敬愛の情に対して、全身全霊を捧げるためであります**」

安達が罪とされたのは、ニューギニア方面で部下たちが行ったとされるインド人捕虜への虐待や処刑、豪軍捕虜の殺害と死体損壊などについて、第十八軍司令官として防止の努力を怠ったという責任である。いわゆる、指揮官責任（コマンド責任）が問われたもので、無期禁固刑だった。

安達を知る人は、彼を〝悲劇の将軍〟と呼ぶ。それほど起伏の大きな人生だった。

陸軍大学校の教授だった父と、兄ふたりも陸軍少将という陸軍一家に生まれ、自分も当然のように陸軍士官学校から陸大へと進み、絵に描いたようなエリートコースを歩んだ軍人だった。

それが、第十八軍司令官に任ぜられたことが転機になる。ラバウルに赴任したのは、四二（昭和十七）年十一月で、中国の北支那方面軍参謀長からの転任だったが、南太平洋ではすでに米豪連合軍の本格的な反攻が始まっていた。

同じ時期にジャワの司令官から赴任してきた今村の下で第八方面軍が編成され、安達はニューギニア方面の担当を命じられた。しかし圧倒的な敵の火力の前に手も足も出ず、予想をはるかに超える苦戦を強いられた。制空権、制海権はなく、武器・弾薬どころか食糧の補給さえ断たれていた。

ニューギニアは灼熱とぬかるみの密林、そして標高三千メートルを超える山岳地帯だった。飢えと熱帯病に罹った兵士たちはジャングルを彷徨い、次々に倒れては白骨と化していった。特に悲惨だったガダルカナル島での死のほとんどは、戦闘によるものでなく、病死と餓死であった。

この方面に三年間で投入された日本軍将兵は延べ十五万名にのぼったが、生還できた者はわずか一万名。戦いがいかに悲惨なものだったかは、この数字が雄弁に語っている。そんな状況の中で安達がどんな思いで部隊を指揮してきたのか、心中察して余りある。そして、全軍玉砕を決意した直後に敗戦となったのである。

今村はガ島から撤退してきた兵士たちを見た時、心底驚いた。「いま私の前に銃を手にし、そろりそろりと歩んでいる人たちは、どう見たって『生きている屍』というよりほかに言いようがない」と書いている。堂々たる体つきだった安達も、やせ細り、あばら骨が浮き出て目だけが異様に光っていたという。

今村宛ての遺書もあった。

「遺族救護の件に関しては、真に万斛《ばんこく》の憂いを懐きあり、自ら渾身の努力を致すべき筋なるも、能く果たし得ざるをにつき、何とぞ従前に引続き宜しくお願申上候」

死んだ将兵の遺族のことをくれぐれもよろしくお願いしたいと、頼んでいた。

子どもたちには、「前略　待ちに待っていてくれた三人と永久のお別れをする日が来た」との書き出しで、父の最期の願いだとして六つのことを書き残した。

一つは、財産は何もなく、大変だろうが、いじけないで困難に立ち向かってほしい。

二つは、三人で仲良く助け合ってほしい。

三つは、清く正しく伸び伸びと育ってほしい。

四つは、将来、何になるにしても、国家の良民として恥ずかしくない人になってほしい。

五つには、叔父叔母に何でも相談すること。

そして長男には、実力本位の時代になるだろうから、今の大学は辞めて将来発達する分野を歩んでほしいとあった。

「今後の艱難な人生行路を三人が手を組んで勇ましく清く明朗に進んで悔いなき一生を作ることを祈る次第である」

安達の妻はすでに五年前に病死していた。母親に次いで父親をも失うことになる子どもたちをどんなに不憫に思ったことだろうか。彼らへの遺書には、日付が入っていない。おそらく判決を受けてすぐに書いたものと思われる。再び生きて祖国に帰ることはむろん、子どもたちとも二度と会うこともないと早くから心に決めていた、五十七歳の父親の覚悟が見てとれる。

片山は、衝撃的な自決を遂げたふたりに棺を作ってあげたいとアプソン所長に申し出た。だがアプソンは首を縦に振らなかった。キリスト教では理由を問わず自殺は罪とされているし、何よりも所長としての管理責任が問われるという思いがあったのだろう。しかし片山は、日本ではいかなる死であっても死ねば仏になるとされている、丁重に取り扱う習慣なのだと、粘り強く説得してやっと了承を得ることができた。

二つの棺が戦犯たちに担がれて収容所の門を出たのは十日午前十時だった。整列した将兵たちの無言の敬礼を受けて見送られた棺が向かった先は、日本軍が「花吹山」と呼んでいた小高い丘の麓だった。

そこはキラキラ輝く紺碧の海が一望でき、世界一と称される美しい夕焼けを見ることができる、ラバウルきっての見晴らしのいい丘である。

ふたりはその丘で静かに眠った。

子ネコとカナカ兵

植物であれ動物であれ、作為なく生きるものの姿は見ていて愛おしくなる。ましてや、いつやって来るかわからない死を前にした者たちにとってはなおさらだった。

戦犯たちは、収容所の庭の隅っこに野の花が咲いたと言っては喜び、小動物を見つけたと言っては子どものようにはしゃいだ。

片山もそうだった。ある日、捕まえたよと言って仲間から小さな野ネズミをもらったことがある。赤ちゃんネズミらしく、掌に乗せると無邪気に動きまわった。

炊事係の兵隊に頼んで餌をもらって飼うことにした。ネズミの赤ちゃんは日に日に大きくなり、それを見るのが楽しみだった。

カナカ人の警戒兵がやって来て、それを見て笑った。それはネズミじゃない、カナカ豚だと言うのである。聞くとカンガルーの一種の有袋動物らしく、言われてみれば、確かにネズミとは少し違うような気がした。袋の中に入ろう入ろうとする習性が見られた。片山が掌に入れてやると、温かいのか安心して眠ってしまい、その姿が可愛いくてしかたなかった。

子ネコが迷い込んできたこともあった。逃げるふうでもなく、誰彼となく食べ残しをあげていると、そのまま住みつき、戦犯たちのアイドルになった。誰かが「ミイ」と名前をつけた。

そのうち別の黒ネコが入り込んできた。仲間のひとりがいたずら半分に黒ネコとミイの尻尾を紐でつないで二匹を喧嘩させた。それを見て戦犯たちは大はしゃぎである。闘犬ならぬ闘猫といったところだが、いい年をした大人たちが取り囲んで囃し立て、その姿に興じた。

でもネコたちはすぐに仲良くなってしまい、片山が夜食のカステラの一片を投げてやると素早くくわえて立ち去ってしまった。

翌日、ミイだけが戻ってきた。すると今度はもっと小さいネコがやって来たが、ミイは途端に不機嫌になった。片山はそんなネコたちとの日常をいかにもおかしそうに日記に書き、こんな歌までつくった（九月十七日）。

小猫よ、お前は何を考えているのだろう
お前の澄んだ美しい眼は
僕には堪らなくほほえましいのだよ
暗い独房の中にも

お前は幸福そうに遊んでいる
お前はほんとうに幸福そうだ
僕もお前と遊んでいる時は幸福なのだよ
何処に身をおくとも
お前のように屈託のない心を
伸び伸びとした自由な心を
僕はどんなに憧れていることだろう

戦犯収容所ではしばしば演芸会が開かれた。一時のうさ晴らしに過ぎないが、でもそれはそれでみんなの大きな楽しみでもあった。むろん衣装も舞台道具もない。でも軍隊というところは不思議な場所で、いろんな職歴、特技を持った人間がいる。職人もいれば、役者くずれもいる。妙に手先の器用な者もいて、あっという間にあり合わせのモノで衣装がつくられ、舞台ができた。劇も玄人はだしで、なかなかの出来ばえだった。

仲間が処刑された夜に「追悼演芸会」をやったが、その時の出し物は『瞼の母』だった。ヤクザもんの忠太郎が幼くして生き別れた母親をやっと探しあてたのに、お前のような息子を持った覚えがないと追い返される長谷川伸原作のお馴染みの母恋物語である。片山によると東京・有楽町の「有楽座」ばりの解説まで付いた本格的なものになっていて、祖国の母を思い出したのか涙を流しながら観ていた兵隊が多かったという。

警戒兵から借りたギターを使っての演奏会もあった。台湾の軍属たちが演じた『蒙古王』の劇もよかった。『大久保彦左衛門』にいたっては三幕まで上演したというからすごい。

星空の下につくった粗末な仮設舞台である。兵隊たちは地べたに座り、背中を丸めて食い入るように観ていた。腹を抱えて笑ったり、手をたたいて歓声をあげたり、時には涙を流した。遠く祖国を離れ、再び家族と会える日が来るのかどうかも分からない不安と死への恐怖に怯えながら、束の間そうやってつらい現実を忘れたのである。

片山日記には、カナカ兵のことも随所に出てくる。カナカ人というのはミクロネシアなど南太平洋の島々に住む先住民のことで、戦時中は日本軍に協力していた者もいたが、敗戦後は豪軍に雇われて収容所の警備などにあたっていた。性格は日本人に似て穏やかで、日本兵に好感を持つ者が少なくなかったという。

死刑囚棟の警備を担当していた「カナサップ」という名前のカナカ兵は、色が黒く、まるで年をとったゴリラといった顔つきだが、気のいい男だった。片山にタバコをくれたり、戦犯仲間への伝言を気軽にことづかってくれたりした。歯みがき粉がなくて困っていると、自分の給料で中国人の商店に行って買ってきてくれたこともあった。片山がお礼に自分の革バンドをあげると、白い歯をむき出して喜んだ。

カナカ兵の中には、オーストラリア人は冷たいといって嫌っていた者もいて、特に「ルーク」という男は、誰につけてもらったのか「エンドウ（縁當）」という日本名を持つほどの日本びいきだった。日本は今度は戦争に負けたが、次の戦争ではオーストラリア軍を追い払い、再びラバウルに上陸して来るに違いないと、心底信じているらしく、ある日、次に日本軍が来た時は自分をカナカ部隊の曹長にしてほしい、ついては今のうちに約束の証明書を書いてくれないかと、片山に頼んできた。

そんな日が来ることなんかないんだよと無下にも言えず、困った片山は戦犯仲間の陸軍中佐に頼んで、次のような「証明書」を書いてもらった。

約　辞　　任曹長

但　大和軍再び羅春に来るの日　任命すべきもの也

大和軍都督無官太夫

縁當加那可人殿

この加那可びと　縁當と申し　色黒く歯赤きも心は白く　いといみじきものなり　大和人の羅巴憂留にありける時　心よせ　いとうれしきふるまいありしこそ　うれしかりけり　大和人ふたたびこの地に来たらん時は　かれを加那可曹長ならしめて　その好みに酬いんと心定めあり　彼のため　ゆめおろそかにすべからず

この「証明書」をもらったルークが大喜びしたことは言うまでもない。大真面目な顔で中佐から恭しく受け取ると、大事そうに持って帰ったのである。

戦争さえなかったら、ここが戦犯収容所でなければ、ラバウルはまさにこの世の楽園の島だった。燦燦と太陽が降り注ぎ、豊かな自然に恵まれ、生きとし生けるものが、美しく、愛おしかった。永遠の時間の流れの下ですべてが輝きを放っていた。それに比べ、なんと人間の世界は儚く、非情なものか。片山にしても死刑判決を受けてもう一年半が過ぎ、処刑を待つ独房の者はわずかになっていた。その日が刻一刻と近づいていることは、もはや疑いようがなかった。

夜になると外に出て、夜空を仰ぎ満天の星を眺める日がめっきり多くなった。想うのは、遠い祖国の人たちのことであり、とりわけあきの行く末だった。そして、二十九年の生涯はこれでよかったのか、いのちとは何なのかと思い、そしてひとり涙した。

八　永訣の日

涙雨

四七（昭和二十二）年九月半ばになると、ラバウル収容所に残る戦犯死刑囚は八名だけになった。そんなところに、近く収容所が閉鎖されるらしい、だからオーストラリア軍はそれまでに全員を執行するようだという話が流れてきた。

にわかに動揺が広がり、あちこちでささやきが交わされる中、二十四日になって海軍の主計大尉から「どうも、今日は誰か確認があるみたいだ」という情報が寄せられ、一気に緊張が走った。

情報通り、午後三時に海軍の白水洋大佐、宮崎凱夫大尉、池内正清嘱託の三名が呼び出され、アプソン所長から明朝に執行する旨言い渡された。

片山が「海軍生活において白水大佐のごとき人物はいまだかつて会ったことはない」と称賛した白水らは、すでに覚悟はできていたようで、見事なまでに落ち着き払っていた。

炊事係の兵隊が心づくしの特製うどんを作って白水たちに出した。いくら覚悟はできているとはいえ、やはり脂っこいものより淡白な方がのどを通りやすいだろうという配慮だった。またせめてこの世の別れに、祖国の味を懐かしんでほしいという心遣いでもあった。

白水たちはいかにも美味しそうにうどんを食べると、終わるのを待っていたように「白亜牢」に移された。

深夜になって、それまで静まり返っていた「白亜牢」から三名が交わす話し声が片山の耳に聞こえてきた。生暖かい南洋のそよ風に乗って伝わってきた声は、みんな普段と変わらない口調だった。

宮崎が隣室の白水に声をかけた。

「司令、今日までのいろいろなわがままをお許しください」

温厚でいつも沈着な白水と違って、警備隊次長だった宮崎は豪放磊落な性格もあって誰彼なくはっきりモノを言う直言居士だった。それゆえトラブルもいろいろあったのであろう。それを謝ったのである。

「いや、むしろ自分の不明のために君をこのような運命に陥れ、なんと言っていいかわからないよ」

白水はそう詫びると、池内の独房の方に声をかけた。

「池内さんにはなんと言ってお詫びしてよいやらわかりません」

軍属の池内は、捕虜の尋問の際に通訳にあたっていたので捕虜と接触する機会が多く、勢い捕虜たちから〝悪の権化〟のように見られ、それで戦犯になってしまったのである。

「いいえそんなことはありません。皆それぞれの配置の犠牲になったのですから何でもありません」

会話はそれで終わり、「白亜牢」は再び静寂に戻った。


翌二十五日朝、白水たちは後ろ手に手錠をかけられ、独房から引き出されてきた。収容所の門の前にはすでに部下たちが全員整列していた。純白の海軍第二種軍装に身を包んだ白水は制帽をやや目深に被って連行されて出て来た。無言の敬礼で見送る部下たちの横をかすかに笑みを浮かべながら、軽く頭を下げて通り過ぎていった。

三名を乗せた三台のジープが出発し、わずか五分後に最初の銃声が収容所まで響いてきた。午前七時三十分にまず池内、次いで八時十五分に白水、九時ちょうどに宮崎と、正確に四十五分間隔で銃殺された。

白水が処刑される前に『アンボン事件の真相』という文書を書き残していたことは「アンボンで何があったのか」の項でも触れたが、二万二千字、四百字詰め原稿用紙にすれば五十五枚という長文である。前文には、みんなから事件の真相を話してくれと度々求められたが、裁判に影響を与えてはと考えてこれまで控えてきたとし、事件とそれが起きた背景について詳細に記述していた。そして、『真相』の最後をこう結んでいた。

「私の陳述を見て、終戦時の二十五根司令部の職員とか弁護人とか豪軍の関係者等に対し、怨恨を抱き粗暴な直接行動に出る様なことがあってはならぬと思ふ。

若しやるならば正々堂々と議論を闘はすべきである。若し貴殿らが、粗暴なる直接行動に出るならば、私はこんな明けはなしに真相を述べないのである。貴殿らはそんな下手なことをし出かす様なことはないと信ずるから、貴殿らの御要求に応じ包みかくすことなく、一切を述べたのであるから、何うか私の意のあるところを察して諒察して頂き度いと思ふ」

部下たちはこの文書をどう読んだのだろうか。事件の真相とはそういうことだったのかと腑に落ちたことだろう。それと同時に、最後まで部下を信頼し、自ら責任を引き受けていった上官を持った幸せを感じたのではないだろうか。

日本人として、また軍人としての誇りを最後まで失わず、従容として死地に赴いていった白水は、あと一カ月もすれば五十歳になるはずだった。

宮崎は「いよいよ別れることになった。小生の処刑はむしろ遅きに失するぐらいでかえってさばさばした感あり」と最後の心境を友人に伝え、弁護人に託した遺書にはこうあった。

「今回戦争犯罪人として起訴せられる。しかしながら大命のもと、大東亜戦争完遂のために邁進努力せる点に関し、何ら恥ずることなく、また心残りなし。ただ武運に恵まざりしを歎ずるのみ」

宮崎は片山にもメモを渡していた。そこには「俺からの遺言だ」として、〝時局勉強会〟をやってくれという提案が書かれていた。

片山ほどの人物だからいくら豪軍でも処刑はしないだろう。死刑が撤回されていずれ帰還することになる。宮崎は真剣にそう思っていたらしく、その暁には祖国復興運動を起こしてほしい。その準備としてまず勉強会を始めたらどうかという提案だった。

勉強会のメンバーは尉官を中心とした十四名で構成し、そこには台湾有志も加え、当面は月一回程度の日曜日に集まってラジオや雑誌などの情報をもとに国内・国際情勢を共有し、各種テーマで意見を交わし、その結果を食堂に貼りだしてみんなの政治意識を高めるようにしてほしいと、勉強会の進め方を具体的に書いていた。そして、自分の心境をこう付け加えた。

「死とはこんなに楽なもんだったかと熟々思う。これが自分が平素考えていたように祖国復興に少しでも寄与してからの死だったらもっと楽しい気持ちであったろう。今朝は今までの中で一番清々しい気持ちだ」

最後まで剛毅さを失うことなく、堂々と胸を張って処刑場に赴いた男は、まだ二十六歳だった。

「お元気で最後まで頑張ってください。太平洋戦争はまだ進行中です。心臓強く武運長久を祈ります。光部隊の皆様へ挨拶が出来ませんので、皆様へお世話になりましたと、深謝して下さるようお願いします。明朝七時半に銃殺されますが、『銃音に笑って散るよ山桜』です。何も心配はないですが、九歳の小娘がどうして生き延びるかだけが心配です。『親はなくとも子は育つ』ということがありますから、そう思って逝きます。お元気で」

これが、池内が仲間に残した「囚友への訣別の言葉」である。

片山には家族への伝言をメモで頼んでいた。遺品になるような物は何もない。妻には辞世の言葉と不法の判決だったことが伝われればそれで本望であり、あとは再婚するように言って欲しいという内容だった。そして、

「トランプは片山さんへお返しします。さらば御元気で。又収容所の皆さんへ宜敷く」とあり、「地は凍てん」という一文が添えられていた。

地は凍てん
久方の銀河澄む夜や思わせる

天地《あめつち》の始めと果は知らなくも
君知るや氷の閉ざす地の終焉《おわり》
持ち過ぎて何の誇りか露の世に
食い過ぎて何の苦痛ぞ降あり
世も末の悪鬼羅殺や原子弾
原子力共存共栄に用うべき
陽の熱も冷めば僥き世の終わり
地の上の生の終わりを思わせる
人草よ互いに恵め地は凍てん
この拙詩を国連の安全保障理事会およびトルーマン大統領ならびにスターリン首相に捧ぐ

三名が逝った夜、ラバウルは久しぶりの雨、それもいつにない激しい雨になった。

みんながそれぞれの思いで白水たちのありし日を偲ぶ中、仏教に心得のある海軍中佐がひとり観音経を唱えていた。朗々とした読経の声は深夜まで続いたが、激しく屋根を打つ雨音にしばしばかき消されがちだった。

片山は、その夜の雨を「涙雨」と日記に書いた。

慟哭

四七（昭和二十二）年十月二十二日、水曜日。海軍大尉片山日出雄はまだ夜が明けきらないうちに起きると、毛布をいつもより丁寧にたたみ、その場に正座して神に祈りを捧げた。洗面をすませ、身だしなみを整えると、再び座って新約聖書を開いた。『ピリピ人への手紙』と『コリント人への第一の手紙』の一節を小さく声を出して読んだ。寛容と平安、復活について書かれた章である。

その日、事務所に出頭せよと命じられたのは、片山と高橋豊治中尉、それに海軍中佐の三名だった。ついに「確認」の日がやって来たのである。言われた通り、午後三時に事務所に行くと、アプソン所長から片山と高橋は判決通り明朝に銃殺刑を執行する旨を、中佐だけは死刑を免れて禁固二十年に減刑する旨を告げられた。

片山は、この日に「確認」があることは前日からわかっていた。豪軍兵たちが小銃の照準練習をしているのが目撃されたからである。練習指揮官は処刑担当の憲兵准尉だったから銃殺の準備に違いなく、銃殺の該当者は片山と高橋しか残っていなかった。

白水らが処刑され、次は自分の番だと考えた片山は死への準備は怠りなく進めてきていた。ここで、日記からその動きを見てみる。

九月二十九日（月）「昨夜、光基督教会関係の書物、パンフレット類、英語教材などを整理し、朝、佐藤兄に申し継ぎして後事をお願いしておきました。また銃殺刑の確認を受けたるときのことを想像し、〝飛ぶ鳥あとを濁さず〟のたとへにあるごとく、身の回りの整理だけはきちんとしておきたいと思います」

十月　五日（日）「（日曜礼拝で二時間行った説教について）通常なれば一項目だけをゆっくりお話し、詳細に論述する方法が最も望ましいのでありますが、私自身としては次の日曜日までの生命が確約されておらない今日、とりあえず基督教神学全般の姿を兄弟にお伝えし……今日の礼拝が最後の礼拝であるかもしれないといった気持ちをもっております」

十月　六日（月）「埋葬式の時は佐藤兄にお願いする手はずになっております」とあり、妻にこう手紙を書いた。

「私は最近、痛切に感じることは、人生というものは量でなく質であるということです。神様は必ず私たちに大なる真の幸福を与えたまうことを信じ、しっかり頑張りましょう。けっして落胆したり、失望したりしてはいけません」

十月　十六日（木）　朝九時に日本の弁護団十人が収容所を出発し、船で帰国の途についた旨の記述。（筆者注・これは最後の弁護団の人たちで、ラバウルの戦犯裁判がすべて終わったことを告げた）

十月　十八日（土）　午後一時まで昼の休憩時間に英語教室を開いた旨の記述。（筆者注・こ

れが片山の行う最後の授業となった）

十月　十九日（日）　昼食後の十二時半から教会の集会を開き、讃美歌の練習を行い、片山は「神の愛しむ子」という題で説教した。途中でスコールがあり、片山の話し声が聞こえなくなって一時中断、最後の礼拝は大荒れとなった旨の記述。

十月　二十日（月）「午前中、日記の整理を致しました」とのみ記述。

十月二十一日（火）（空白）

「確認」を受けて、片山は「白亜牢」一号室に、高橋は隣りの二号室に入れられた。監視兵は通常一人だが、三人に増やされた。いつにない態勢がとられたのは、片山たちが自決するのではないか、あるいは彼らを助けたいと他の戦犯たちが動くのではないかと警戒したからである。

独房に入った片山は、静かに座ると、持ってきた手紙の束を置いて、読み返しはじめた。あきや兄弟、親しい人たちからこれまでに届いた手紙を読んでいると、それぞれの顔が浮かび、楽しかった日々が懐かしく思い出された。誰もが、自分の人生にとってかけがえのない人たちばかりだった。

それらを読み終えると、片山は巣鴨以来六百二十一日間書き続けてきた日記の最後のページにこう記した。

「逝く者の気持ちはきわめて平静で軽いものですが、地上に残られる方々の気持ちを想い、まことに申し訳ない気持ちで一杯でした。二十九年の人生、短いながらも振り返って見る時、幸福でした」

「幸福でした」――傍からどう見られようとも、それはまぎれもなく片山の本心だった。日記に書いた言葉に嘘はない。だが、その幸福だった人生も夜が明ければ終わる。走馬灯のように浮かんでくる数々の思い出に浸っていると、窓の外から讃美歌の声が流れてくるのに気づいた。「光教会」の仲間たちの歌声だった。風に乗った讃美歌は夜が更けるまでずっと続いた。

就寝ラッパが鳴って消灯となり、「白亜牢」は暗い闇と深い静寂に包まれた。片山は、常夜灯のかすかな灯りの下で、一睡もせずに手紙を書き続けた。

あきの父親には、詫びるしかなかった。「お嬢さんを必ず幸せにします」と約束したのに、果たすことができなかった。いくら詫びても詫びきれない申し訳なさがあったが、「本人が将来最も幸福なる道を講じられるよう、重ねてお願い申し上げます」と手紙に書いた。

学生時代に世話になった東京・有楽町の教会の牧師にはこう書いた。

「獄中生活一年九カ月を回顧するとき、感慨無量なるものがあります。神のご恩寵により大変恵まれた生活でした。感謝!!　感謝!!　感謝!!　なるかなであります。石牢の中に静かに座し、讃美歌を歌いました」

「感謝!!」という言葉にも嘘はなかった。東京の親友には「今夕は地上の最後の晩だが、俺は素晴らしく明朗であり、幸福感にひたっている」と書き、形見にしてくれと愛用の万年筆を添えた。

思い出深い人たちに別れの手紙を書いていると、カナカ人の警戒兵がやって来て、収容所の仲間たちから預かったと言ってたくさんの手紙を届けてくれた。

みんな苦楽を共にした戦犯たちである。片山の導きで受洗した兵隊、英語教室で教えた台湾兵……片山は彼らの手紙を一つひとつ読んだ。

「昨夜は一睡もできなかった。私はかつて涙を流したことはなかった。姉が逝った時も、弟が逝った時も……しかし兄（筆者注・キリスト教の霊的兄弟としての片山のこと）だけには泣かされた。兄に会うと何も言えなくなってしまった。兄よ、私の心中察してくれ。もう泣けて次は書けない」

「敬愛する片山さんへ　長い間いろいろお世話になりました。私の頭はぐらついてどうして良いやら制することができません。ほんとうに人生は不可解です。でも兄のまいた尊い一粒の麦は、必ずや私の魂に根強く成長していきますゆえ、何卒ご安堵なさいませ」

「片山先生　最後のお手紙差し上げます。突然のことに一時は驚きと悲嘆に落ち、目の前が真っ暗になって、なすことも手につきませんでした。もし私が先生を知らなかったなれば、私の一生は全く自己主義で凡人の人生を過ごすようになったかもしれません。今後は先生のご恩の満分の一にもと信仰を高め、福音を伝える覚悟です」

「長い間お世話になりました。厚く厚くお礼申し上げます。私は先生のご教訓をどこまでも続けるつもりです。将来も日本と台湾は手を結んで再び復興することを確信しています」

（筆者注・台湾兵）

まだまだ続くこうした手紙を読んでいると、一人ひとりの顔が浮かんできて、胸が熱くなった。それぞれに最期に伝えたいことはたくさんある。しかしもう時間がなかった。

片山は、みんなにこう書くのが精いっぱいだった。

「ご厚情あふるるお手紙をいただき、心より感謝申し上げます。ほんとうならば、それぞれにご返事を差し上げ、私の感想も記したいのですが、何分時間がないので失礼いたします。諸兄弟のご健闘と、将来におけるご発展を心よりお祈りいたします。

昭和二十二年十月二十三日午前二時しるす　片山日出雄拝」

惜別

処刑から三日後、日曜日の昼休みに所内の一室で片山と高橋の追悼式が営まれた。今村大将以下、収容所の戦犯たちのほとんどが参列した。キリスト教式で行われた式次第は次の通りだった。

一、黙とう
二、頌栄　五六六番
三、讃美歌　三七七番
四、聖書朗読　テモテ後書（筆者注・『テモテへの第二の手紙』）第四章六～八節
五、祈祷
六、讃美歌　三七九番
七、遺書朗読
八、追悼の辞
故片山大尉　佐藤、高見、黒川
故高橋中尉　遠藤、奈良

九、故片山、高橋両君を悼む　今村大将
十、讃美歌　三一二番
十一、祈祷
十二、頌栄　五六八番
十三、祝祷

式に先立って、司会者から片山たちふたりの最期の様子が報告された。

――午前八時半、二台のジープが迎えに来た。予てから準備していた海軍の半袖の夏服を着た片山は、まるでいつものようにこれから通訳の仕事で豪軍司令部に出かけて行くような普段と変わらない態度でジープに乗り込んだ。

雑木林の処刑場に着くと片山は椅子に座らされ、向かい側には銃兵たちがすでに整列していた。

笑いながら付き添いのMPに何かを英語で語りかけた。感謝の言葉でも言ったのだろうか。そして両手を組むと少し前かがみになり、英語で「主の祈り」を捧げると、最後に力強く「アーメン」と唱えた。

銃声が轟いたのは、この直後だった。

片山と高橋のふたつの遺体は、毛布に包まれて担架に寝かされた。英語による祈祷文が読まれ、処刑に立ち会った豪軍司令官のネイラン准将、アプソン所長、死刑担当のバックハウス中尉らが姿勢を正して聞いていた――。

司会者の報告を誰もが黙って聞いていた。

讃美歌が合唱され、『テモテへの第二の手紙』の一節が朗読された。この一節はあきへの遺書にも書いた片山の想いを伝える部分だった。

「追悼の辞」に移ると、代わる代わる立ってそれぞれの思い出を話した。

台湾出身の兵隊は「片山先生！」と叫ぶように大きな声で呼びかけた。柔道五段の片山が若い兵隊を相手にいつも相撲をとっていたこと、英語教室で懇切丁寧に教えてくれたこと、片山と別棟になると生徒たちに手紙で〝通信教育〟をしてくれたことなどを声を詰まらせながら語った。こんなエピソードも紹介された。

ある日のこと、生徒のひとりが、もし仮に片山が無罪になって収容所を出て行くことになったら自分たちの英語の授業は誰がするのですかと聞いたことがあった。すると片山は、「僕は志願してここに残り、君たちと英語を続けますよ」と笑って約束してくれたのだと言った。

追悼の辞の最後は今村大将だった。立つと、「私の長男より一つ下の片山兄、次男より一つ下の高橋君」という言葉で語りはじめ、ふたりの人柄と収容所での活躍と功績を讃えた後、

「それにしても、どうして古来より正しい人が不幸や逆運に遭うのかとずっと疑問に思っていました」と言って、自分の考えを話した。

「人間は誰しも向上心や発展心を持ち、よって競争心を持っている。他人が成功すると、尊敬はするが、それはあくまで自分に役立たせるための功利的な尊敬であり、純一無雑の尊崇心ではない。一方で、自分が利己的であればあるほど、己を捨てて他人のために尽くす義人を見ると、絶対的な尊敬をしたくなる。ましてその義人が悲劇に遭えば、悲劇の度合いに比例して尊崇心が高まる。義人の悲劇を見ることによって、凡人は利己的だけの人間にならずにすみ、道義心が養われるのではないか。義人と悲惨なる運命との間には常に（神の）ご計画によって、世道人心に良き感化を与えようとする企ての実現と考えられるのであります」

片山はまさにそのような使命を持った人間だったと語った今村は、みんなにこう約束した。

「私は今日はできませんが、他日しかるべき時機を得ましたならば、この真実を世に発表して、両君の冤をそそぐ考えでおります」

追悼式の最後は讃美歌三一二番をみんなで唄った。日本では『いつくしみ深き』の題名で知られる片山が最も好きな曲だった。

〽**いつくしみ深き　友なるイェスは　罪科憂いを　取り去り給う**
心の嘆きを　包まず述べて　などかは下ろさぬ　負える重荷を……

オルガン伴奏のない、男たちだけの野太い声の合唱が所内に低く響いた。ある者は目をつむったままで、ある者は天井を見上げて、ある者は何かをにらみつけるように真っすぐ前を見て、唄った。誰もがつい三日前までの、笑みを絶やすことのなかった片山の顔を思い浮かべつつ、涙しながら唄ったのである。

遺書

いよいよ最後のペンをとってあなたに何か書いておきたいと心がけたものの何から始めてよいやら大いに迷います。

二十九年の人生は短いながらも振り返ってみる時、幸福でした。どちらを向いてもお礼を申し上げねばならぬ方ばかりです。中学と外語の学生時代は柔道に恋愛していたようなもので、弱い私の身体は柔道によってどれだけ練磨されたことでしょう。

外語時代、市ヶ谷本村町の村井学生寮三年間の生活中、朝夕、王英、忠兄、黒坂、瑋兄らと礼拝を守り、イザヤ書の研究をしたことなど思い出されます。小浪先生の稽古場で小幡久五郎先生の説教を聞いたことも思い出です。あの頃のあなたの姿もよく覚えていますよ。あなたは名前のように清純でゆったりとしておられたという印象です。

大東亜戦争中は主としてアンボンの敵前線に在って戦いました。当時のアンボンにて原住

民の宗教保持をしておられた白戸八郎、花房飛虎二、加藤亮一諸先生のお世話になったことも楽しい、また美しい思い出です。

あなたと結婚しても公務のため別れていることが多く、落ち着いた家庭生活を持つことの出来なかったことは大変残念でした。戦争が終わってこれから立派な家庭を築きたいと願っておりましたら、この度のようなことになり、夫としてあなたにはむろん、あなたのお父様お母様に対しても誠に申し訳ないことと心を痛めております。かかる現在の運命も主の御栄のためであることを思い、何卒私が十字架の強者として、その戦場に倒れたと信じていただきたいと思います。

短日月の家庭生活ながら地上における最も美しい楽しいものでした。私はこのことにつき、いつもあなたに感謝しております。ひとえにあなたの力に負うものでした。長年芸術に触れていたあなたの魂には気高いものがありました。

あなたは気づかなかったかもしれませぬが、夫として私はあなたによってどれだけ浄化されたことでしょう。私はその意味であなたを深く尊敬し、愛しておりました。

モロタイ島の獄舎生活、ラバウルの生活を振り返ってみる時、確かに荊《いばら》の道でありましたが、神の御恩はいかなる時でも豊かに与えられました。慈父のごとき今村大将閣下を上に戴き、光教会の兄弟の親切、英語の生徒の親切、親切の連続でした。暗かるべき牢の生活は毎日々々愉快な楽しいものでした。この間の生活の模様は私の獄中日記にてその一端をお知りになったことと思います。

私は地上を去る最後の日まで幸福でありました。地上を去って私を待っているものは主より賜う『義の冠冕《かんべん》』と、先に天に召された兄弟たちと再会することです。兄弟のみならず、祖父、祖母、その他多くの先輩知己に会えることでしょう。（ここまで書いてきますと、光教会諸兄弟が面会に参りましたのでしばらくいろいろと話し合いました）。

また筆を続けます。アンボンにおける私の事件についてはお聞きになることでしょう。遺されるあなたや弟、その他にとって深く怨恨を感ずる人々があることでしょう。

私の最後の願いは、あなたがけっしてそのような気持ちを持たないことです。過去はすべて無です。私たちには現在と将来があるのみです。怨の心の起きることがありましたら、ロマ書十二章十七～二十一の聖句を思い出して下さい。あなたがいつまでも幸福であり、元気であることを祈っております。私の現在の気持ちはテモテ後書第四章六～八パウロの言葉を以て表したいと思っています。ではご機嫌よう。さようなら。天国にてまた会う日まで。

一九四七年十月二十二日　しるす。

＊ロマ書（ローマ人への手紙）第十二章十七～二十一節「だれに対してでも、悪に悪を報いることをせず、すべての人が良いと思うことを図りなさい。」「悪に負けてはいけません。かえって、善をもって悪に打ち勝ちなさい。」

＊テモテ後書（テモテへの第二の手紙）第四章六～八節「私は今や注ぎの供え物

となります。私が世を去る時がすでに来ました。私は勇敢に戦い、走るべき道のりを走り終え、信仰を守り通しました。今からは、義の栄冠が私のために用意されているだけです。かの日には、正しい審判者である主が、それを私に授けてくださるのです。私だけでなく、主の現れを慕っている者には、だれにでも授けてくださるのです。」

海軍大尉片山日出雄が処刑されて六十一年たった二〇〇八（平成二十）年五月二日、広島の片山の遺族のもとに一通の文書が届いた。

「旧軍人のものと思われる遺留品『書簡』の調査及び受領意思確認について（依頼）」と題された文書は、広島県健康福祉局社会福祉部社会援護課長名で出されたもので、オーストラリア軍に保管されていたものが、外務省経由で返還されてきたと書かれていた。

片山の義弟川上清が書いた『ラバウルの黒い雨』によると、「書簡」は、一九四七（昭和二十二）年一月二十一日付で、片山がラバウルの豪軍歩兵中隊所属のオーストラリア人神父に宛てて出した英文の手紙だった。文面からすると互いに面識はなかったらしい。

「率直に申し上げますと、当地の日本人のオーストラリア人に対する観念は貴国の人々との交流がきわめて限られていたため、多くの偏見に満ちていました。オーストラリア人の態度と行動だけが貴国の人々に関する我々の考えの原型を決定的に築きあげたからでした」

オーストラリア兵たちから受けた虐待によって、日本の戦犯たちはオーストラリア人をよく思っていなかったが、神父が戦犯たちにあたたかい扱いをしてくれたことでその見方が変わったというのだ。

「私は、オーストラリアのどこでも出会うことができる最も良いタイプのオーストラリア人に会うことになるだろうとしばしば話していました。ついに私の約束したことが真実であるとわかったことを非常に嬉しく思います。この意味で、私は彼と現在の喜びを分かち合っています。彼も収監の倦怠感のなかで心の重圧、苦しみから解放した『何か新しいもの』を見つけたのです」

このお礼の手紙は片山が処刑される九カ月ほど前に書かれたもので、日本とオーストラリアがいずれ和解して友好国になることを期待するとあり、こう結ばれていた。

「我々が愛、即ち、我慢強く、妬みを知らず、決して傲慢ではなく、絶対に利己的ではない愛をもってお互いを遇する日が早く訪れることを、現在、私は死刑囚監房で祈願しています」

今の日本とオーストラリアを見る時、かつて両国が南太平洋で激しい戦いを繰り広げ、憎しみ合っていたとは想像できないほど、世界でも稀な友好的な関係を築くに至っている。

それは、片山のいのちをかけた願いが通じたということだろうか。

第二部　ある戦犯家族の肖像

一　妻よ、子よ

哀惜の詩

海軍大佐白水洋《しろうずわだみ》が部下二名とともにラバウルの地で銃殺刑に処されたのは、一九四七（昭和二十二）年九月二十五日だった。享年四十九歳。

処刑の前日、オーストラリア軍当局から死刑執行の「確認」を告げられ「白亜牢」に身柄を移された白水の元に、戦犯たちから多くの別れの手紙が寄せられた。陸軍の山岡繁大尉からは漢詩が届けられた。山岡も死刑囚で、「法則に合わず漢詩の価値はありませんが、あえてお別れのお言葉と致します」と添え書きがあり、次のようなものだった。

生死未定一歳余
一片慷慨不存兄
忽然赴死尚従容
再会不遠西方土

死刑判決を受けて一年余、いささかの乱れる様子もなく、そして今、従容として死地に赴こうとしている。そんなあなたとそう遠くない先に、西方浄土とやらのあちらの世で再びお会いしましょう――尊敬する白水への万感の思いを惜別の詩に託していた。
白水はすぐに、「どうも詩になっていない様ですが」と前置きして、こう返した。

我元悲憤慷慨徒
近来化鈍感静寂
終戦二年棄感情
今唯祈日本再興

いやいや、元々はすぐに腹を立てる男だったのだが、近ごろは鈍感になったのか静かになり、終戦から二年、感情というものを捨ててしまったようです。今はただ、日本の再興だけを祈っていますよ――。

同じ死刑囚の畠山國登海軍中佐（後に禁固二十年に減刑）も、手紙を「白亜牢」に送った。
「貴兄のアンボンに於ける御行動、及びモロタイ並びに当ラバウルに於ける御行動に対しては、接したる全ての人に強い感銘を与えております。この事は貴兄御自身左程に思っておられますまいが、二〇警の人々をはじめ、他の全ての人々に与えられた影響の大きさに私は驚嘆させられており、それは羨望にまで広がっております。貴兄とならば生死を共にして何の惜しむ所無なしとまで極言している所によっても明らかであります。（略）貴兄の生命は永遠に此の世に伝わり、連なって行っていることを思い、今、心よりお送りします。白水尊大兄」

白水は、余程面映ゆかったのだろうか、「余り買いかぶらぬ様にして下さい。後でボロが出ぬとも限りません。では御機嫌よろしく」と短く返した。

白水の生きざま、処刑時の状況については、本書の第一部で触れた。海軍の片山日出雄大尉に「海軍生活において白水大佐のごとき人物はいまだかつて会ったことはない」と言わせた白水は、敗戦によって戦犯になり、とりわけ死刑判決を受けて死を待つ人たちにとって、大きな心の支えであり、日本人の誇りを思い起こさせる存在だった。そして、堂々たるその死は、後に続く人たちの模範ともなった。

漢詩を送った山岡大尉が処刑されたのは、その一カ月後の十月二十八日だった。その朝、山岡は畠山中佐に辞世を添えてこう書き送った。

「昨夜十二時頃、一服の後、最後の一夜を眠りにつきました。良き夢をとも思ってみましたがかつてない熟睡をいたしました。夜はほのかに白けて参ります。あちこちの鶏鳴は賑って心よく、清く、安けく、死よ、何処にありやの感がします。ではこれにて失礼いたします。御機嫌よく」

すがすがし暁気澄みゐて白けゆく　天地とともに我は生きなん

山岡が容疑とされたのは、四四（同十九）年秋、ニューギニアでの行軍中、インド人捕虜二人が地元民の集落で窃盗したとして衛生准尉に命じて斬首させたというものだったが、白水と同様、泣きごとも恨みごともいっさい口にせず、生死一如、清々とした見事な心境で逝った。

ラバウルで多くの部下たちから敬慕されながら散っていった白水は、母と妻、そして五人の子どもを祖国に残していた。家族は、白水の生まれ故郷に近い、福岡県の現在は福津市になっている福間で借り住まいをしていた。

ラバウルに赴任する前、台湾で海軍武官輔佐官兼台湾軍参謀だった白水は、家族を内地から呼び寄せ、台北市内の海軍官舎で暮らした。四二（同十七）年十二月、ラバウルの第二十四特別根拠地隊の通信隊司令に異動を命じられ、単身で赴任していった。家族はその後もしばらくは台北に残っていたが、空襲がひどくなったことから帰国し、福間に疎開、敗戦後もそこで暮らしていた。

家族が白水の処刑を知ったのは、処刑から二カ月たった四七（同二十二）年十一月だった。東京高等師範学校（現在の筑波大学）の学生だった長男滋は、戦犯家族たちを援護する「光厚生協会」に出入りしていて、そこでラバウルから戻った弁護団によって伝えられたのである。正式な死亡公報が届いたのはその一カ月後だった。

遺書は、処刑前日に書かれていた。Ｂ４サイズの陸軍罫紙に、小さな字でびっしり書き込まれ、母、妻、子どもたちの順に、書ききれないのか枠の外まではみ出していた。

母への遺書から見てみる。

常盤御前と母

白水ツチ様

拝啓、御母上様には其後如何にあらせられますか、御伺い申し上げます。

私は今日午後三時に豪州の確認当局から明二十五日午前八時十五分銃殺執行の旨言渡しを受けました。

母上様には並々ならぬ御辛労をかけ、特に父上御他界後は幼少の我々兄弟二人を抱えて筆舌に尽し難き御苦労遊ばされました事、御高恩の程、何とも御礼の言葉も御座いません。御蔭様で二人ともどうやら一人前の人間になる事が出来ました次第で御座いました。

それにつけましても思い起します事は、常盤御前が源頼朝《ママ》、義経二人をつれて吹雪の中を落ちて行く図に題した誰かの詩であります。

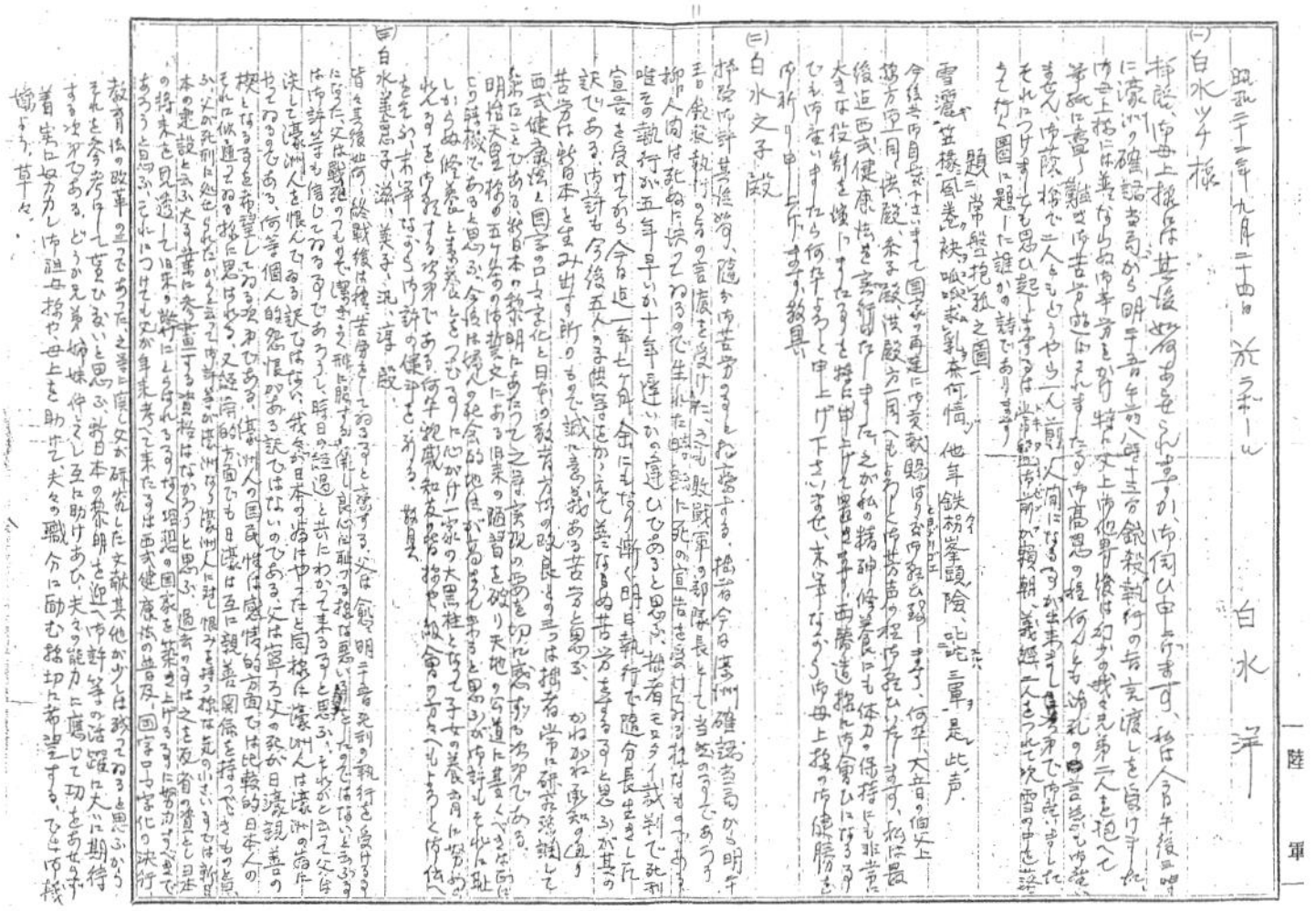

白水洋大佐の遺書

題二常盤抱レ孤之図一
雪灑《ギ》二笠檐《ニ》一風巻《ク》レ袂《ヲ》呱《コ》呱《コ》求《ム》レ乳《ヲ》奈何《ノ》情《ゾ》
他年鉄枴《カイ》峯《ノ》《ヒヨドリゴエ》頭険叱《スルハ》二咤三軍《ヲ》一是《レ》此《ノ》声

今後共御自愛下さいまして国家の再建に御貢献賜はり度御願い致します。何卒、大音の伯父上様方御一同、洪殿、糸子殿、洪殿方一同へのよろしく御芳声の程御願いいたします。

私は最後まで西式健康法を実行いたしました。之が私の精神修養にも体力の保持にも非常に大きな役割を演じました事を特に申上げて置きます。西勝造様に御会いになる事でも御座いましたら何卒よろしく申上げて下さいませ。末筆ながら御母上様の御健勝を御祈り申上げます。

敬具

白水洋は、一八九七（明治三十）年十月十二日、父勝、母ツチの長男として福岡県鞍手郡新入村（現在は直方市）で生まれた。四歳の時に父を亡くし、助産師だったツチは、幼いふたりの男の子を連れて台湾に渡り、できたばかりの台北医学院の産婦人科に勤めた。

当時の台湾では、中国伝統の漢方医療が主流だったが、統治を始めた日本が近代医学を持ち込み産婦人科を創設、それにかかわったのがツチだった。ちなみに、この医学院は、現在の台湾大学医学部につながっている。

病院で働きながらツチは、女手ひとつでまだ幼い洋と二つ下の洪を育てた。いくら気丈な女性だったとはいえ、並々ならぬ苦労をしたことであろう。そんな後ろ姿を見て育った洋だったから、母への想いはひと一倍強かった。

その想いを代弁したのが、遺書にある「題常盤抱孤之図」という詩だった。昭和二十一年五月二十七日付でラバウルから出した母宛ての手紙にも、「母上の御高恩を思います毎に常盤御前の詩を思い浮かべます」と書いている。

江戸時代の漢詩人である梁川星巌がつくり、今でも詩吟でよく歌われている有名な詩である。『平治物語』や『義経記』に出てくる源義朝の側室、常盤御前が、七歳の今若、五歳の乙若、乳飲み子の牛若丸を抱え、雪の吹きすさぶ中、大和路を逃げて行く姿を描いている。後年、牛若丸は源義経となり、摂津・一の谷の合戦の際、鉄拐山の険しい峰頭に立って軍に大声で号令をかけるが、その声こそ、母の胸で乳を求めて泣き続けた時の声だったという詩である。

白水はその詩に自身の母と子の遠い姿を重ねたのである。そんな母の苦労に応えるように、兄弟ふたりは勉学に励み、そろって台湾では名門の台北州立台北第一中学校に進学した。ここは秀才が集まるだけでなく、野球で甲子園にも五回出場した文武両道を誇る学校だった。当時の赤レンガ造りの校舎は、現在も台北市立建国高級中学として使われ、馬英九元総統はじめ多くの著名人を輩出している最難関校として知られている。

台北一中を出ると、洋はそこから海軍兵学校へ、洪は陸軍士官学校へと進み、ともにエリート軍人の道を歩んで、ツチをおおいに喜ばせた。

しかしそれが今、明日の朝、戦犯として処刑されるのである。その胸中いかばかりかと思うが、死を前に思い浮かべたのは、やはり台湾での幼い日の母との思い出だったということだろうか。

苦労をかけるが、よろしく頼む

白水文子殿
拝啓　御許其後何かと随分御苦労の事と推察する。拙者今日豪州確認当局から明日二十五日銃殺執行の旨の言渡を受けた。之も敗戦軍の部隊長として当然の事であろう。

そもそも人間は死ぬに決っているので生れた時既に死の宣告を受けている様なものである。唯その執行が五年早いか十年遅いかの違いであると思う。拙者モロタイ裁判で死刑宣告を受けてから今日迄一年七ケ月余にもなり、ようやく明日執行で随分長生きした訳である。御許も今後五人の子供等をかゝえて並々ならぬ苦労をする事と思うが、其の苦労は新日本を生み出す所のもので、誠に意義ある苦労と思う。かねがね承知の通り西式健康法と国字のローマ字化と日本の教育方法の改良との三つは拙者常に研究、強調して来たことである。新日本の黎明にあたってこれら実現の要を切に感ずる次第である。

明治天皇様の五ケ条の御誓文にある旧来の陋習を破り天地公道に基くべきは正にこの時機であると思う。今後は婦人の社会的地位が高まって来ると思うが、御許もそれに恥しからぬ修養と素養とをつむ事に心がけ一家の大黒柱となって子女の養育に努められん事を御願する次第である。何卒親戚知友の皆様や級会の方々へのよろしく御伝えを乞う。末筆ながら御許の健斗を祈る。

敬具

白水が十歳離れた河野文と結婚したのは、一九二五（大正十四）年十一月だった。文はまだ十七歳、白水はその年四月に連合艦隊の重巡洋艦『比叡』分隊長になったばかりの二十七歳で、結婚の翌月に大尉に昇進した。

白水家の家族（神奈川県逗子市の自宅にて）

海軍将校の常とはいえ、実に転勤の多い人生だった。結婚の翌年には中国・揚子江警備にあたっていた駆逐艦『柳』の先任将校。その後、内地に戻ると海軍通信学校高等科学生、横須賀鎮守府所属の軽巡洋艦『木曽』通信長を務め、一時は遠く小笠原諸島の父島無線電信所長を命じられ、二年八カ月間、この島で家族と共に暮らした。

それが終わって、再び連合艦隊に戻ると、重巡洋艦『摩耶』通信長。そこから海軍通信学校教官になり、三九（同十四）年に戦艦『長門』通信長と、主に通信畑を歩んでいった。その翌年、台湾に赴任し、ここで開戦を迎えた。

文との間には、長女美恵子を筆頭に

女の子二人と男の子四人の計六人の子宝に恵まれた。転勤が多かったことから子どもたちの出生地は佐世保、横須賀、父島などみんなバラバラで、誰も知り合いのいない土地での出産・育児に追われた文はさぞ苦労したことだろうと思う。

白水と暮らした最後の土地が台北だった。白水が育った場所だったということもあって、家族にとっては一番楽しい、思い出の残る時期だったようだ。しかしそれも束の間、四三（同十八）年一月、台湾・松山飛行場からアンボンに飛び立つ時に見送ったのが白水との最後となった。

アンボンからは時々、短い文面の手紙が届いたが、書かれていたのは、用件と子どものことが多く、妻への愛情めいた言葉はない。所詮は明治の男である。文はそんなものだと諦めていた。

家族は、その後しばらく台北にとどまり、海軍官舎で暮らしていたが、翌年秋になると、空襲がたびたびあり、内地に引き揚げるように勧められた。だが、すでに客船や貨物船が途中で敵潜水艦や空からの攻撃を受けて沈められていると聞き、無事に帰れるか不安だった。たまたま白水と兵学校での同期生が艦長をしていた空母『海鷹』が基隆港に入港し、日本に戻ることを知って同乗させてもらうことができ、四四（同十九）年十一月に帰国した。

そして、敗戦を迎えた。

文は、夫が間もなくラバウルから復員してくるものとばかりに思っていた。そうすれば、また家族そろっての暮らしができる。そんなことを楽しみにしていたある日、新聞を読んでいてオーストラリア軍による戦犯裁判の記事が目にとまった。判決を受けた人たちの名前が並び、死刑のトップに白水の名前があるのを見てびっくりした。真面目で誠実、ひとにやさしくて思いやりのある夫が戦犯、それも死刑だなんてとても信じられなかった。

その時の心境について文は、「アンボンに赴任する時には、これが最後かもしれないと泣きながら覚悟はしたが、まさかこのような別れになるとは思いも致しませんでした」と後に書いている。

ラバウルの収容所からは、数は少ないがいくつかの手紙が届いた。事件のことにはいっさい触れておらず、ほとんどが、子どもたちのことと用件のみの淡々とした内容だった。処刑を知らされた時は、別れてもう四年十カ月の月日がたっていた。

福岡では、復員局の世話になって働かせてもらった。逗子の自宅に戻ると、横須賀・田浦にある、以前の海軍軍需部が民間の倉庫会社になっており、その事務員になることができた。暮らしが何とか落ち着きはじめたと思った頃、一瀬信一と名乗る人物が突然、家を訪ねて来た。名前を聞いてすぐにアンボンの司令官をしていた男だとわかった。一瀬は、同じ逗子市内に住んでいるのだと言い、詫びなのか言い訳なのかよくわからない話をあれこれして帰っていった。白水が書き残した『アンボン事件の真相』を読んでいた文は、「何とも割り切れない様な気持で御目にかかりました」と手記に書いている。

白水の遺骨が返還されてきたのは、処刑から八年後だった。文は、鎌倉の古刹である瑞泉寺に墓を買い、そこに納めた。

七八（同五十三）年に、アンボンの第二十警備隊の戦友たちで『想い出の記』と題する冊子を出すことになった時、文は求められて一文を寄せ、末尾に三首の歌を添えた。

（二十七回忌の折り）　**子と共にひたすら生きて泣かざりき　二十七回忌今にして夫《つま》恋ふ**

（沖縄に旅して）　**沖縄のこの蒼き海のつづく涯　征きて還らぬ君の恋しく**

夢に顕つことも無くなり面影薄すれゆく　寂し夫《つま》三十三回忌

二〇一二（平成二十四）年十一月二十八日、百四歳の天寿を全うした文は、今、夫と一緒に鎌倉で眠っている。

恨むな、むしろ親善を

白水美恵子、滋、美子、汎、淳殿

皆々其後如何、終戦後は種々苦労している事と察する。父はいよいよ明二十五日死刑の執行を受ける事になった。父は戦死のつもりで潔ぎよく刑に服する。しかし良心に恥づる様な悪い事をしたのではないという事は御許らも信じている事であろうし、時日の経過と共にわかって来る事と思う。

それかと言って父は決して豪州人を恨んでいる訳ではない。我々が日本の為にやったと同様に豪州人は豪州の為にやっているのである。何ら個人的怨恨がある訳ではないのである。父はむしろ父の死が日豪親善の楔となる事を希望している次第である。豪州人の国民性は感情的方面では比較的日本人のそれに似通っている様に思われる。又経済的方面でも日豪は互に親善関係を持つべきものと思う。父が死刑に処せられたからと言って御許らが豪州なり豪州人に対し恨みを持つ様な気の小さい事では新日本の建設という大事業に参画する資格はなかろうと思う。

過去の事はこれを反省の資とし日本の将来を見透して旧来の弊にとらわれる事なく理想の国家を築き上げる事に努力すべきであろうと思う。それにつけても父が年来考えて来た事は西式健康法の普及、国字ローマ字化の決行、教育法の改革の三つであった。これらに関し父が研究した文献其他が少しは残っていると思うから、それを参考にして貰いたいと思う。新日本の黎明期を迎え御許らの活躍に大いに期待する次第である。

どうか兄弟姉妹仲よくし互いに助けあい、それぞれの能力に応じて功をあせらず着実に努力し御祖母様や母上を助けて、それぞれの職分に励む様切に希望する。では御機嫌よう。

草々

生後すぐに死んだ二男（至）を除いた五人の子どもたちは、白水がラバウルに赴いた後も、祖母、母と共に台湾で暮らし、育てられた。四五（昭和二十）年春に長男滋は海軍経理学校予科に合格して奈良の学校に入校、台北の第一高等女学校を出た長女美恵子は逗子の海軍航空技術廠分室で働いた。まだ幼いほかの三人は福岡にいて、祖母、母と暮らし、元気に学校に通っていた。

敗戦となり、滋は福岡に戻って旧制の県立中学校の四年生、美恵子も福岡に帰り、家族七人が、文字通り肩を寄せ合って暮らしはじめた。そこへ、白水が戦犯として逮捕されたという知らせが届いた。

戦犯収容所から子どもたちへの便りがいくつか届き、処刑五カ月前の四七（同二十二）年四月二十六日付の手紙では、一人ひとりに父としての想いを伝えてきた。

長女美恵子には「元気で箱崎国民学校に勤めている由、何より結構。民主主義教育の第一線にたっている訳で誠に責任が重いと共に光栄の次第である」と、教員になったことを手放しで喜んでいる。かねてから教育法の改革が必要と考えていた白水にとって、愛娘が敗戦後に早速、その教育現場に立ったことが余程嬉しかったのだろう。美恵子は福岡から逗子に戻ってからも結婚するまで小学校の教師を勤めた。

長男滋が手紙をもらったのは進路を決める時期だった。白水は「元気で勉強の由、嬉しく思う。高師と美術とを受験の由、成功を祈っている。何事も成功をあせってはならぬ。大器は晩成である」と書き、「もし学費が続かぬような場合は、自分の勉強や生活に要する費用は自分で働いて稼ぎながら学校に通うぐらいの覚悟でやらねばならぬ」と、くれぐれも甘えることのないようにと戒めているが、自分の目指す道に歩み出そうとする息子の姿に目を細めているさまが目に浮かぶ。

滋が受験した高師というのは筑波大学の前身の東京高等師範学校のことで、美術は東京美術学校（現在の東京芸術大学）である。滋は両方に合格したが、家計のことを考えて東京高師に進んだ。白水に言われた通り、苦学して卒業すると、鎌倉の私立高校の教員に採用され、父の想いを受けとめたのか、生涯を教育界で生きた。

女学校四年生だった二女美子には「これからの女学生は新日本の女性として恥しからぬ教養をつむことに大いに努めねばならぬと思う」、三男汎には「自分の能力に応じた勉強のし方をして自分の特長を見つけてそれを物にするように努力しなさい」と励まし、一番下のまだ八歳の淳には「毎日学校に通い、よく学びよく遊んでいることと思う。（略）私は唯今ラボール（筆者注・ラバウル）の収容所で元気に働いている。毎日、世界人類の為に貢献するという気持ちで与えられた仕事に従事しているから安心して下さい」と、それぞれに父親らしい言葉を送った。

手紙はこれが最後となり、次に届いたのが遺書だった。

処刑前夜ということで、一人ひとりに書く時間がなかったのであろう。子どもたちに、自分の死は戦死だと思っていること、処刑したオーストラリアを恨むな、むしろ親善を築いて新生日本に貢献できる人間になれと、父親としての最期の願いを伝えた。

その中に「父が年来考えて来た事」として、西式健康法の普及、国字ローマ字化の決行、教育法の改革の三つのことが出てくる。これは文宛ての遺書にも「新日本の黎明にあたってこれら実現の要を切に感ずる次第である」とあり、余程の思い入れがあったようだ。特に子ども宛てには、文献が自宅にあるから参考にしてもらいたいと書いていることからすると、誰かに引き継いでほしいという願いが込められていたのかもしれない。

西式健康法は、西勝造氏（一八八四年―一九五九年）が打ち立てた独自の健康法として知られている。西氏が、病弱で極度に衰弱した自身の健康を取り戻すために試行錯誤する中で、西洋医学に疑問を感じ、血管循環の原動力は毛細血管網にあるとの結論に至り、毛細血管網を活性化させる運動、皮膚の鍛錬、栄養、自己暗示の精神活動を組み合わせた方法として編み出したもので、現在でも多くの人が取り組んでいる。

この健康法については、ツチへの遺書にもあり、自分は最後まで実践し、それによって体力のみならず精神修養にも大いに役立ったとある。「西勝造様に御会いになる事でも御座いました何卒よろしく申上げて下さいませ」と書いていることから、西氏とは個人的に面識があったようだ。

子どもたちにも、この健康法を実践させ、ラバウルでも身近な兵隊には勧めていた。白水の従兵だった中島忠志一等水兵は、「白水司令の想い出」と題し、こんなことを書いている。

「司令は寝台（寝台と言っても板の上にさらし一枚の敷き布団である）の上で毎日の日課の西式健康法をやっておられた。はじめて見た時はびっくりして、私は気でも狂ったかと思った。両手足を上にしてぶるぶるふるっているのである」

身の回りの世話をしていた中島は、白水の人格に強い感銘を受け、言行一致の挙動に尊敬の念を抱くようになった。上官というよりは父親への想いに近かったのだろうか。「想い出」の文章にはこうある。

「いつか私も必ず、あなたの所へ行く日が来る。天国の、あなたの部屋に従兵として私の入る所を空けておいてほしい。たとえ高位の菩薩となっておられても私だけはそばに呼んでくれることを信ずる。遥かなる司令　空高く向かって叫ぼう　大声で　司令ー司令ーよ　白水司令よ!!」

白水が二つ目に挙げた国語をローマ字化させる運動についても触れてみたい。

今ではあまり話題にならなくなったが、日本が国際化していくうえで漢字は障害となるのでこれを廃止し、世界で使われているローマ字に変えようという運動である。古くは、近代郵便制度の創設者として知られる前島蜜が幕末に徳川第十五代将軍慶喜に建白書『漢字御廃止之儀』を提出し、明治に入ると哲学者の西周が『洋字ヲ以テ國語ヲ書スルノ論』を提唱するなど、かつては真剣に論議され、活発な運動が展開されていた。

敗戦後、国際化が一層叫ばれるようになり、運動は再び大きな盛り上がりを見せたものの、英語教育の方に比重が移っていってしだいに下火になり、二〇二三（令和五）年三月、運動のけん引役であり中心的な組織だった「日本ローマ字会」がついに解散した。一八八五（明治十八）年に設立され、最近では、民俗学者で文化勲章受章者の梅棹忠夫さんが会長を務めたこともある。

その梅棹さんは、「1000年の伝統をもつ『漢字かなまじり』という書き方のシステムでは、情報が増えつづけるこの社会にもう対応できない」と危機感を持ち、いずれ中国が全面的にローマ字化に踏み切るのは必至で、「21世紀における情報の国際競争を勝ちぬくためにも、いまこそ、その準備にとりかかるべきであろう」（NHKブックス『日本語の将来　ローマ字表記で国際化を』）と訴えたが、その願いもむなしく百三十八年の歴史に幕を閉じたのである。

三つ目の教育法の改革については、白水がどんな考えを持っていたのか詳しい資料は残っていない。ただ、ローマ字化にせよ、教育改革にせよ、言語学者でも教育者でもない、江田島の兵学校で学んだ生粋の海軍軍人だった白水が、どうしてそうしたことに強い関心を持っていたのか、不思議といえば不思議である。遺書にここまで書くのにはそれなりの理由なり動機があったのであろう。

考えられるとすれば、幼少期から少年時代までを台湾で過ごした経験が影響しているのだろうか。

白水は、ツチに連れられて台湾に渡った二年後、六歳の時に台北第二尋常高等小学校に入学し、十四歳で台北州立第一中学校に進んでいる。五年生の時に海軍兵学校に合格して江田島に入るまでの教育はすべて台湾で受けていた。台北第二小も台北一中も日本人の子弟だけの学校ではあったが、普段は台湾人の子どもたちと一緒に遊ぶこともあっただろうし、日常の暮らし、風土、習慣をすべて異郷で体感しながら育ってきた。

それが兵学校に入り、内地で育った教官や同級生らを見ていて、明治以来の富国強兵、知識偏重で記憶力だけを競わせる内地の教育方法に何か限界のようなものを感じていたのかもしれない。でも、そうだとしても、やはり白水が関心を持った源を知りたい。

さて、こうして白水の手紙や遺書を見てくると、そこには、敗戦や戦犯になった悔しさや、恨みつらみの言葉がないことに気づく。むしろ民主主義の到来を喜び、自分たちの犠牲を礎として、日本が世界との友好親善を進め、今こそ理想の国家づくりの機会だと、すべてを前向きにとらえている。

軍国主義下の職業軍人にありがちな偏狭さはそこになく、片山大尉と共通するある種の開明さとコスモポリタン的な視野の広さを感じさせる。生きていれば間違いなく、日本の復興だけでなく世界平和にも役立つ働きをしたことであろう。そう考えると、理不尽な戦犯処刑によって失うには、あまりに惜しい人物だった。

二　父よ

白水汎殿

滋兄さんからの手紙によると其許も元気で通学の由、又今度国民学校六年生を卒業の由、御芽出度う。もう今頃は中学校あたりに通っているかと思う。今頃の青少年は将来新日本を背負って行く人々であるから身体を鍛えて健康にし、じっくり勉強して教養を高め、将来適当な職に就いて国家社会に貢献せねばならぬ。但し成功をあせってはならぬ。大器は晩成である。自分の能力に応じた勉強のし方をして自分の特長を見つけてそれをものにするように努力しなさい。（昭和二十二年四月二十六日）

白水洋

白水洋海軍大佐が処刑されたと知らされた時、三男の汎氏は十三歳だった。それから七十七年、九十歳になった汎氏に、父の思い出、家族は戦後をどのようにして生きてきたのか、二〇二三（令和五）年六月から翌年三月まで六回にわたり、ご自宅（兵庫県宝塚市）でお聞きした。

遺骨なき葬式

――お父上が処刑されたと知ったのは、白水大佐の故郷である福岡県にお住まいの時だったのですね。

白水　そうです。父が戦前に建てた家は神奈川県の逗子市にありました。終戦の前年の暮れにそれまで住んでいた台湾から引き揚げ、いったん逗子に帰ったのですが、東京周辺は空襲がひどかったので、家族で福岡県の親戚の元に家族ぐるみで疎開しました。終戦後もしばらくそのまま暮らし、そこで父の死が知らされたのです。昭和二十二年の秋のことでした。

敗戦になってすぐにオーストラリア軍に戦犯として逮捕され、死刑判決を受けてラバウルにいることは知っていました。ですから、覚悟していたことなので特段の驚きはありませんでした。もちろん家族は悲しみましたが、ついにその日が来てしまったかという思いでした。

父の葬儀は、その年の暮れだったかに、現在は福津市になっている宗像郡福間町の四角という場所にあるお寺で行いました。葬儀といっても、遺骨が返ってきたわけで

父を語る白水汎氏

なく、それに戦犯で処刑されたのですから、私たち家族七人と親戚だけのごく内輪の寂しいものでした。
墓は逗子に近い鎌倉の瑞泉寺にあります。母が墓地の募集を見つけて買ったものです。十四世紀に創建された臨済宗円覚寺派の由緒あるお寺で、スイセンや紅葉で「花の寺」として知られています。確かご住職は歌人でもあると聞きました。父の墓の近くには有名な作家の墓もあります。墓地からは鎌倉市内が一望でき、見晴らしのとてもいい場所で、父は今、母（文）、祖母（ツチ）、長兄（滋）と一緒に眠っています。

父の遺書

――どんなお父さんだったのでしょうか。

白水　母との間には、六人の子どもができました。二男は生まれたその日に亡くなっていますので実質五人の兄弟姉妹です。
父は海軍将校でしたので転勤が多く、私たち兄弟姉妹も、佐世保、横須賀、小笠原諸島の父島、逗子とみんな生まれた場所が違っています。それと、軍務が忙しかったこともあったと思いますが、家族みんなでどこかへ旅行したとか、私も父に遊んでもらったという記憶がほとんどありません。戦時体制という時代のせいがあったかもしれません。ですから、今、手元にある写真は、逗子の自宅の庭で正月に撮った家族の集合写真ばかりで、父をはじめみんな真面目くさった顔をして真っすぐ前を向いている写真です。今で言うスナップ写真のようなものはないですね。

ただ、父はどこへ行っても手紙はよくくれていました。戦犯になってからもラバウルから手紙が届きました。どれも軍の便箋に書かれていました。今も大切にとっています。

戦後、母は祖母と力を合わせて私たちを育ててくれました。生きて帰ってくると思っていた父を失い、さぞ苦労したことだと思います。父が処刑された時、母はまだ三十九歳だったのです。一番上の姉は二十歳、長兄は十八歳になっていましたが、二女が十五歳、三男の私が十三歳、一番下の弟が九歳ですから、育ち盛り食べ盛りの子どもを抱え、学校に通わせるだけでも大変だったと思います。私はもう父の倍以上の人生を生き、こうして幸せに暮らせているのも、母と父親代わりをしてくれた兄のおかげだと思っており、感謝の言葉しかありません。

不思議なのですが、実は私が父の遺書を見たのは、大学に入ってからでした。読んでもそれほど深刻な内容でもないのに、どうして母はすぐに見せなかったのか。遺書は一枚に書かれていて、祖母と母宛ての文章の中に「銃殺」という言葉があるので、子どもには刺激が強すぎると考えたのかもしれません。私たち子どもには、心身を鍛え、成功を焦らず、国家の役に立てと、いかにも軍人の父親らしい内容でした。

だいぶ前のことですが、妻（伶子）と一緒に広島県の江田島に行ったことがあります。かつての海軍兵学校です。今は海上自衛隊の幹部候補生学校になっているそうですが、明治の初めの頃に造ったという赤レンガの立派な校舎を見ながら、ここで若き日の父が学んでいたのかと想像すると、胸がいっぱいになりました。

台湾の思い出

――台湾で暮らしていたのですね。

白水　はい。今でも台湾はとても懐かしい場所です。父がラバウルに行く前の勤務地が台湾でした。先に父だけが赴任し、翌年に私たち家族を呼び寄せ、台北市幸町という所にあった海軍官舎で暮らしました。戦争はもう始まっていましたが、あの頃が、わが家では一番穏やかで幸せな生活だったような気がします。

台北は、自分が育った土地ということもあって父も好きだったようです。そうそう、私がまだ国民学校一年生の頃だったと思いますが、父とふたりで台北市内に買い物に出かけたことがありました。普段、父は仕事の話を家でほとんどしなかったので、海軍でどんな立場にいるのか知らなかったのですが、通りがかる日本の水兵さんたちがみんな父に敬礼するので、「そうか、お父さんは偉い人なんだ」と思った記憶があります。その時、父は私服でしたが、父の顔をみんな知っていたのでしょうね。

　これも少し前ですが、妻と旅行で台湾に行きました。台北の市内を回ると、昔の建物がたくさんそのまま残っているのに驚きました。昔の総督府の庁舎が今も総統府として使われ、街並みも昔のままでした。かつての女学校や私の通った小学校、それに町の本屋さんまで今でも残っていて、昔のことを懐かしく思い出しました。

　私ども家族は父がラバウルに行ってからもそのまま台北の海軍官舎で暮らしていました。そのうち戦局が厳しくなり、昭和十九年に日本に引き揚げる時、貨客船を改造した空母『海鷹』に乗せてもらって帰ってきました。艦長さんが父と江田島の同期生だったので、艦長室を使わせてもらい、艦内の階段を上がったり降りたりして嬉しかったことを覚えています。

　呉港に着き、呉駅から上京する予定でしたが、汽車に何かトラブルがあったらしく、大阪で一時停車し、そこから大船経由で逗子の自宅に帰りました。三年ぶりでした。しかし、家財道具を送るのに何か手違いがあって、家財道具が何も届かずに、鍋や釜もなく、母が苦労して近所から借りて暮らしました。もう戦争末期でしたから、そんなことがよくあったようです。

母の苦労

――一家の大黒柱を失い、さぞみなさんご苦労されたことだと思います。

白水　まあ、敗戦後の日本人はみんな食うや食わずで生きていましたから、私たちだけが特別ではなかったと思います。とはいえ、やはり父親が戦死したり処刑された家族は大変だったでしょうね。私どもは福岡県の福間という所で、逗子の家に戻るまで都合三年余り暮らしましたが、母は福岡の復員局に事務員の職を見つけ、毎朝、汽車で通っていました。特に通勤が大変だったようです。旧国鉄の福間駅から博多駅まで、汽車はすし詰めでしたから座ることができずデッキにつかまって通ったんだとよく話していました。

仮住まいさせてもらっていた親戚は昔の庄屋さんで、私どもは近所の農家の養蚕室の二階を借りて暮らしていました。終戦後のことで、これもどこも同じでしょうが、食べる物に一番苦労したように思います。親戚に大きな畑がありましたので、そこで自分たちで野菜を作って食べていました。特にカボチャは育つのが早いし、腹持ちがいいというので、食べる物といえば毎日カボチャばっかりです。大人になるまでカボチャの顔を見るのも嫌でしたね。

国民学校に持っていく弁当は、いつも半分はご飯、半分はサツマイモでした。ご飯の中にはダイコンが入っていて、水増ししていました。それでも食べられるだけマシな時代でした。文房具商をしている福岡の従弟の家に遊びに行ったことがあるのですが、サツマイモで作ったマンジュウを食べさせてもらい、それがおいしくて、今でも味を覚えています。

母はそんな育ち盛りの子どもを抱え、苦労して育ててくれたのですが、でも愚痴めいた話を聞かされた記憶はありません。もともと気丈な女性だったということもあったと思いますが、祖母がそれに輪をかけた気丈な人だったので、弱音が吐けなかったのかもしれませんが。

福間での私たちの暮らしは、それこそタケノコ生活というのでしょうか、持っている物を売って暮らすという売り食いの生活でした。一家で逗子に戻る時も、姉たちの七段の雛飾りを売ってその代金が三千円だったのですが、それを旅費にしたようなありさまでした。

逗子の家に戻ったのは私が中学二年の時でした。母は横須賀の田浦にあった倉庫会社で働くようになり、五十歳の定年になるまで事務員として勤めました。そのうち戦犯家族にも恩給が出るようになったことで、暮らし向きは多少楽になったようです。

金魚体操

──お父上の遺書に、西式健康法と国語のローマ字化、教育法の改革のことが書かれています。強い思い入れがあったようですが、何か聞いていたのでしょうか。
白水　そうですね、昔のオヤジはどこも同じようなものだったのでしょうが、うちの父も家では口数が少なく、どちらかというと厳しい方だったように思います。私なんか、叱られていた思い出しかありません。しょっちゅう、父の書斎から「こらー！」という声が飛んできました。

西式健康法のことはよく覚えています。父は家でもやっていて、子どもたちにもやらせていました。寝る時は布団の上に板を敷くのです。背筋が真っすぐになるからということでしたが、夜になると、二つ折りの板を広げてそこに寝かされ、手足を上にブラブラさせる金魚体操です。私は痛いし、疲れるし嫌だなあと思いながらやっていましたが、兄はけっこう真面目にやっていましたね。

ローマ字化や教育法の改革については、遺書を読んではじめて知ったようなことです。私はまだ小学生でしたから言ってても仕方ないと思ったのかもしれませんが、兄には何か話していた可能性はあります。でも兄からもそんな話を聞いた記憶はありません。ただ、ああして遺書にわざわざ書いているぐらいですから、いずれ子どもたちのうち誰かが継いでくれるだろうと期待していたのかもしれませんね。結局、誰もやっていないので、あの世で親不孝者どもが！　と怒っているような気がします。

長兄は、絵が好きだったので本当は東京美術学校に行きたかったのです。家のことを考えて、教員になれば学費が減免される東京高等師範学校に進みました。学校を出るとすぐに鎌倉のキリスト教系のミッションスクールの教師になったのは、母を助けるためでしたが、父の教育に対する思いを知って、影響を受けたのかもしれません。

父の願った日豪友好

——ご自身は商社マンとしてオーストラリア駐在が長かったのですね。お父上を処刑した国にどんな思いで暮らしていたのでしょうか。

白水　私は逗子の高校から中央大学商学部に進みました。家にあまり負担をかけるわけにもいかず、アルバイトに明け暮れていました。鉄工所で働いたり、デパートの売り場にも立ちました。ですから自慢ではありませんが、今でも包装させたらそこいらの店員には負けませんよ。

大学を出て、勤めたのが商社のニチメン（現在は双日）でした。機械部に配属され、当時、ダイハツのミゼットという小型の三輪自動車がヒットしていて、それを担当するためダイハツの本社がある大阪に転勤になりました。

商社マンでしたから駐在員として海外の勤務もけっこう多く、パキスタンのカラチ、アメリカのシカゴ、北京と転々としました。一番長かったのがオーストラリアでした。一九六八（昭和四十三）年から七五（同五十）年まで、メルボルンに五年、シドニーに三年、その間に家族も呼び寄せ、ここでも現地につくった合弁会社でダイハツの車を売っていました。

今、振り返っても、オーストラリアでの生活は楽しかったですね。仕事もよくやりましたが、マージャン、ゴルフ、競馬とよく遊びました。夫婦でパーティーに呼ばれたり、日本の本社から誰かが来ると、わが家に呼んで妻の手料理で日本食を食べさせたりと、楽しく、懐かしい思い出ばかりです。

父がオーストラリア軍によって処刑されたことはむろん忘れるはずはありません。しかし、父は遺書で、オーストラリアの人たちとの交流もたくさんありました。オーストラリア人の国民性は日本人に似通っているように思われる、経済的方面でも日豪は親善関係を持つべきものと思うと書いていて、日豪親善を強く望んでいました。それを特に考えたということはありませんが、結果として父の書いた通り、日豪友好の一端を担ったことに、何か不思議な気がしています。

戦犯の父を思う

――お父上が処刑されて七十七年です。改めて今、戦犯についてどう思いますか。

白水　父が戦犯として処刑された人だと意識して生きてきたことがあったかと聞かれれば、意外かもしれませんが、少なくとも私はありませんでした。自分の方からわざわざそのことを言うことはありませんでしたが、でも聞かれれば隠さずにその通りに話していました。履歴書の家族欄にもそう書きましたし、それで何か言われたという記憶はありません。

妻とは昭和三十八年に結婚しました。仲をとりもってくれたのは、妻の父親と同じ海軍機関学校出身の元海軍大佐の方で、うちの父とは台湾時代の同僚でした。台北の官舎が互いに近かったので家族ぐるみで懇意にしていた方です。そんな関係から紹介していただいたのです。

妻の父は、戦犯とは無縁な人でしたが、戦後は公職追放になっていますから、職業軍人はみんな苦労したようです。妻の話では、義父は近所の人から「お前たちのせいで日本は戦争に負けたんだ」と面と向かって言われたこともあったそうで、小さな会社に就職する時も、履歴書に軍歴は書かず、学歴欄に「中学卒」と書いたと言います。

戦争が終わって八十年。戦犯と聞いても、今の若い人たちがピンとこないのは当然だと思います。私たち夫婦にはふたりの子どもがいますが、お前たちのおじいちゃんは戦犯として処刑された人だときちんと話したことはなかったように思います。

このたび父について取材を受けたことから、父の葬儀がどうだったのか知りたいと思い、福間のお寺に手紙を出して問い合わせてみたのですが、それらしい記録は残っていないという回答でした。母が生きている間に聞いておけばよかったと少し残念に思っています。母は、戦犯遺族の集まりの「白菊会」の役員をしていましたので、戦犯について思うところは何かあったはずですが、私たちに話したことはありません。

最後に、これだけははっきり言えることですが、父の死を恥ずかしいと思ったことは一度もなかったということです。テレビドラマや映画になった『私は貝になりたい』というドラマのことはむろん知っていましたし、戦犯の中にはああいう人もいたかもしれませんが、私の知る戦犯像とは違っているように思い、観る気にはなりませんでした。

父は人間として、海軍軍人として立派に生き、死んでいった人だったと今でも尊敬しています。ですから、その息子として父を恥ずかしめないようにと思いながら生きてきたつもりでいます。

あとがき

大事件や大事故が起きると、新聞はよく硬軟書き分けをして紙面をつくる。事件などの本記、本筋を書くのが硬派で一面に載せることが多い。軟派と呼ぶ社会面では、背景にある人間ドラマやサイドストーリーを書く。硬軟合わせて全体像を伝えるという新聞ならではの手法である。

昨年暮れに出した前著『昭和留魂録　戦犯一一四五名、四三五六日の処刑誌』（展転社）が、戦犯事件についての硬派とすれば、本書は軟派のつもりで書いた。といっても、けっして前著の付け足しや余談ではない。むしろ、ＢＣ級戦犯事件の本質と実相をリアルに後世に伝えられるのではないかと考えた。

第一部「ラバウルの銃声」は、若き海軍大尉片山日出雄が東京・巣鴨で逮捕されてからラバウルの地で処刑されるまでの六百二十一日間、死とどう向き合い、生きたのかを周辺の戦犯たちの群像と共にドキュメンタリーとして描いた。第二部「ある戦犯家族の肖像」は、片山と親しかった海軍大佐白水洋が家族に宛てたラスト・メッセージと、その家族が戦後をどう生きたかである。大佐のご子息汎氏が偶然にも私と同じ兵庫県宝塚市にお住まいとわかり、貴重な話をお聞きできた。何かに引き寄せられるような不思議な縁を感じた。

さて、敗戦から八十年。「戦犯」と聞けば、何を今さらと思う人も少なくないことだろう。さんざん語られてきた過去の話ではないのか。苔むした墓を掘り返していったい何になるのか。そんな声が聞こえてきそうである。

しかし、本当に終わった話なのだろうか。彼らの遺書を読むと、「後世、必ずわかってくれる」という言葉が数多く出てくるが、彼らはいったい何がわかってもらえると信じて刑場に向かったのだろうか。それは、国敗れたがゆえの贖《あがな》い、本来は国民が等しく負うべき敗戦責任を自分たちが肩代わりしていくんだということである。でもそう受けとめた国民はどれほどいたことだろう。彼らの想いが伝わっていないのではないか、戦犯は未完の問題ではないのかと考えたのが、本書を書いた動機である。

もう一つある。「祖国再建の礎になる」と書き残した戦犯も多かった。そんな願いを胸に抱いて逝った彼らが、もし今の日本と日本人のありようを見たとすれば、自分たちの犠牲が報われたと思うだろうか。そんな無言の問いかけが、私の頭から離れなかった。

確かに日本は戦後、平和をずっと守ってきたし、繁栄を築いた。それは評価していい。しかし同時に多くのものを失ったことも否定できないだろう。その最大のものは「日本人の誇り」だったのではないだろうか。世界の青少年意識調査では日本の若者の自尊心の低さが際立つ。そして街を行くビジネスマンたちの何と表情が暗く不機嫌なことか。自信に満ちた生き生きとした目を見ることの少ない、さながら「不幸の国ニッポン」である。戦後、経済一辺倒でやってきて、その経済が没落しかねないのだから、アイデンティティを見失った民族が漂流するのは当然である。

本書では、理不尽な罪を負わされたにもかかわらず、国家の再興を信じ、世界平和を後世に託し、日本人の誇りを胸に雄々しく逝った人たちの姿を取り上げた。「日本人よ誇りを取り戻せ、そして立ち上がれ」――この本が、そんな声なき叫びに耳を傾けるきっかけになってくれれば嬉しい。特に若い世代には「このように生きて、死んでいった先人たちがいた」ことが伝わり、日本人が平和を愛する、類い稀な民族であると気づいてくれたら、これほどの喜びはない。いずれ行くあの世とやらで、私は片山大尉や白水大佐たちに報告できるというものである。

本書を世に出すことができたのは、前著でもお世話になった展転社の荒岩宏奨社長との出会いがあったからこそで、ここに深く感謝申し上げたい。また、いつも体調を気づかいながら見守ってくれた妻加純に感謝を、そして大阪で三十五年にわたり大腸がん死亡ゼロ運動に取り組んでこられた尊敬する医療法人健正会の濵﨑寛理事長には変わらぬ励ましと応援をいただいたことに深甚な謝意を表したい。

二〇二四年四月

朝野　富三

主な参考文献

『アンボンで何が裁かれたか　愛と死と永遠と（復刻版）』（片山日出雄著、聖文舎、１９９１年）
『ラバウルの黒い雨　いわれなき罪　海軍大尉片山日出雄』（川上清著、文芸社、２０１３年）
『アンボン島戦犯裁判記』（宗宮信次著、法律新報社、１９４６年）
『ラバウル戦犯弁護人』（松浦義教著、光人社、２００６年）
『第二十警備隊（アンボン）想い出の記』（世話人・二宮義郎、私家版、１９７８年）
『知られざる戦争犯罪　日本軍はオーストラリア人に何をしたか』（田中利幸著、大月書店、１９９３年）
『日本軍捕虜収容所の日々』（ハンク・ネルソン著、リック・タナカ訳、筑摩書房、１９９５年）
『海軍特別警察隊アンボン島ＢＣ級戦犯の手記』（禾晴道著、太平出版社、１９７５年）
『遥かなる南十字星　戦犯の実相』（巣鴨法務委員会編、山王書房、１９６７年）
『俺は日本兵　台湾人・簡茂松の「祖国」』（浜崎紘一著、新潮社、２０００年）
『台湾の大和魂』（林えいだい著、東方出版、２０００年）
『南十字星に抱かれて　凛として死んだＢＣ級戦犯の「遺言」』（福冨健一著、講談社、２００５年）
『幽囚回顧録』（今村均著、秋田書店、１９６６年）
『今村均回顧録』（今村均著、芙蓉書房、１９７０年）

『続今村均回顧録』(今村均著、芙蓉書房、1971年)
『責任　ラバウルの将軍今村均』(角田房子著、筑摩書房、2006年)
『「三畳小屋」の伝言　陸軍大将今村均の戦後』(朝野富三著、新風書房、2012年)
『南海(ラバウル)の思い出』(杉野金男著、私家版、1998年)
『ラバウル戦犯裁判の回顧』(太田庄次著、ラバウル会事業部、1985年)
『南十字星の戦場　第八方面軍作戦記録』(ラバウル経友会編、1985年)
『復刻　世紀の遺書』(巣鴨遺書編纂会、講談社、1984年)
『世紀の自決』(額田坦編、芙蓉書房、1968年)
『戦争裁判関係死亡者名簿』(冨士信夫編、私家版・手書き、1987年)
『BC級戦犯関係資料集第2巻(厚生省復員局調査部編「陸軍関係戦犯者名簿」)』(田中宏巳編集・解説、緑蔭書房、2011年)
『日本BC級戦犯資料』(茶園義男編・解説、不二出版、1983年)
『BC級戦犯豪軍ラバウル裁判資料』(茶園義男編・解説、不二出版、1990年)
『BC級戦犯豪軍マヌス等裁判資料』(茶園義男編・解説、不二出版、1991年)
『BC級戦犯豪軍和蘭裁判資料・全巻通覧』(茶園義男編・解説、不二出版、1992年)
『年表　太平洋戦争全史』(日置英剛編、国書刊行会、2005年)
『戦争裁判余録』(豊田隈雄著、泰生社、1986年)

『戦犯裁判の実相（復刻版）』（巣鴨法務委員会編、槇書房、1981年）
『補完　戦争裁判の実相』（茶園義男・重松一義著、不二出版、1987年）
『祖国への遺書　戦犯死刑囚の手記』（塩尻公明編、毎日新聞社、1952年）
『死と栄光　戦犯死刑囚の手記』（巣鴨遺書編纂会、長嶋書房、1957年）
『昭和留魂録　戦犯一一四五名、四三五六日の処刑誌』（朝野富三編著、展転社、2023年）
『BC級戦犯　60年目の遺書』（田原総一朗監修・田中日淳編・堀川恵子聞き手、アスコム、2007年）
『BC級戦犯・チャンギー絞首台』（茶園義男著、紀尾井書房、1983年）
『壁あつき部屋　巣鴨BC級戦犯の人生記』（理論編集部編、理論社、1956年）
『カウラ日本兵捕虜収容所』（永瀬隆・吉田晶編、青木書店、1990年）

朝野富三（あさの　とみぞう）

1947年神奈川県横須賀市生まれ。海上自衛隊生徒課程修了。早稲田大学第一文学部卒。毎日新聞大阪本社社会部長、同編集局長などを務め宝塚大学教授を経て現在はジャーナリスト。
著書に『昭和留魂録　戦犯一一四五名、四三五六日の処刑誌』（展転社）、『「三畳小屋」の伝言　陸軍大将今村均の戦後』（新風書房）、『昭和史ドキュメント　ゴー・ストップ事件』（三一書房）、『細菌戦部隊と自決した二人の医学者』及び『奇病流行性出血熱』（ともに常石敬一氏と共著、新潮社）ほか。

BC級戦犯の愛と死
この人を見よ

令和六年六月十七日　第一刷発行

編著者　朝野　富三
発行人　荒岩　宏奨
発　行　展　転　社

〒101-0051 東京都千代田区神田神保町2-46-402
TEL　〇三（五三一四）九四七〇
FAX　〇三（五三一四）九四八〇
振替〇〇一四〇-六-七九九九二

印刷製本　中央精版印刷

定価［本体＋税］はカバーに表示してあります。

ISBN978-4-88656-578-5